코로나가 아이들에게 남긴 상처들

코로나가
아이들에게
남긴
상처들

김현수 지음

해냄

"나는 이 감염이 우리 자신에 대해 폭로하는 것에 귀를 막고 싶지 않다."

― 파올로 조르다노, 『전염의 시대를 생각한다』

감사하고 미안하다

2년 반 동안 코로나를 겪은 청소년·청년들의 경험은 개인적으로나 사회적으로 공통의 집단적 특징을 만들어낼 수밖에 없다. 그것이 긍정적인 '무엇'이 아니라 '상처'라는 걸 감지하고 사방팔방으로 뛰어다니며 치유 방법을 찾고 치유에 직접 나서는 김현수 선생님을 지켜보았다. 감사하기도 하지만 미안하기도 하다. 김현수 선생님의 외침을 받아안아 실제 치유가 실행되게 하는 건 정치의 몫이기 때문이다. 그래서 이 책이 그 누구보다 정치하는 이들에게 꼭 읽히기를 바란다.

— 강민정 | 더불어민주당 의원

지금 아이들에게 공부만 강조하고 있는 것은 아닌가

일상을 회복하고 있지만 코로나가 우리에게 남긴 상처는 여전히 진행 중이다. 작은 상처는 자연히 나을 수 있지만 깊은 상처를 그대로 두면 더 커지게 마련이다. 코로나 시기를 살아내며 마음이 무너져 있는 아이들에게 공부부터 강조하고 있는 것은 아닌지 살펴야겠다. '마음 회복 없이 학력 회복 없고 관계 회복 없이 학교 공동체 회복 없다'는 김현수 선생님의 글이 묵직하게 다가온다.

— 구소희 | 인천 실천교사모임 대표교사

아이들에 대한 깊은 공감과 구체적인 회복 해법이 녹아 있는 책

코로나 이후를 예측하는 이야기 중에서 이 책이 더 깊은 울림이 있는 이유는 불확실한 시대를 살아가는 아이들에 대한 저자만의 깊은 공감과 해결책 때문이다. 이는 정신과의사의 시각을 넘어서 교육환경과 사회현상에 대한 폭넓은 통찰을 기반으로 한다. 저자는 코로나로 상처받은 아이들에 대한 기성세대의 책임은 공동체 회복을 위한 우리의 실천과 협력으로부터 시작한다는 것을 다양한 자료를 통하여 명쾌하게 제시하고 있다. 이 책은 코로나 시대를 잘 살아가기 원하는 사람들에게 구체적인 해법과 희망을 보여준다.

— 권용실 | 교육부 학생정신건강지원센터장·가톨릭대학교 의과대학 정신건강의학
　　과 교수

아이들에게 정말 필요한 것이 무엇인지 알려준다

코로나로 인해 아이들이 겪은 상처와 어려움을 이 책에서는 구체적이고 생생하게 들려준다. 학생들은 생활의 붕괴, 마음의 붕괴, 관계의 붕괴를 겪고 있는데 정작 정부는 학력 격차, 학력저하를 강조하며 많은 예산과 정책을 쏟아내고 있다. 책을 읽다 보면 "게임 말고 공부 좀 해라"는 말 대신 아이들에게 정말 필요한 것이 무엇인지 깨닫게 되고, 이를 어떻게 실천할지 마침내 결심하게 된다.

— 김대운 | 목포 옥암중학교 상담교사

치유적 화두가 정책적 사유로 이어지기를 바란다

코로나와 아동·청소년들의 학력이 관계가 있는 것이 사실이라 언론과 사회가 주목했다. 하지만 자존감과 관계, 회복탄력성과 신체건강, 평생을 위한 좋은 습관, 학습력과 역량이 축적되지 못하는 아동·청소년의 본질적인 어려움을 돌아보지 못한 안타까움이 있다. 이 책이 교육계와 세상에 던지는 치유적 화두가 모든 어른의 철학적, 정책적 사유로 이어지길 간절히 기대해 본다. 우리 아동·청소년을 응원한다!

― 김태곤ㅣ충남 아산교육지원청 장학사

교사로서 반성하게 하는 책

코로나 시기에 아버지가 가족과 단절되어 1년여를 요양병원에서 계시다가 돌아가셨다. '가족 면회조차 안 되는 그 시간들이 얼마나 외롭고 무서우셨을까' 하는 생각에 잠들기 어려웠다. '방역수칙'이라는 수많은 벽 앞에서 임종조차 제대로 지키지 못한 서러움과 죄스러움에 아직 힘들다. 마찬가지로 비슷한 일들을 겪었을 우리 아이들과 부모님들도 얼마나 두렵고 힘들었을까. 이 책을 통해서 교사로서 '정말 무지했구나. 정말 제대로 알지 못했구나' 하는 반성을 했다. 학교에서 우리 아이들을 어떻게 보듬어야 할지 또다시 길을 내어 알려주는 김현수 선생님께 진심으로 고개 숙여 감사드린다.

― 박현옥ㅣ울산 상북초등학교 교사

코로나 상처 회복을 위한 살아 있는 지혜

코로나가 우리 사회와 학교에 남긴 상처에 맞서는 사람들의 최전선에는 항상 김현수가 있었다. 그의 놀랄만한 열정은 따뜻하면서도 과학적이다. 또한 그의 이야기는 맨 앞에서 먼저 경험한 사람만이 알려줄 수 있는 살아 있는 지혜로 가득하다. 지금 더 나은 미래를 꿈꾸는 사람들에게 더없는 선물이 될 것이다.

— 백종우 | 한국트라우마스트레스학회 회장·경희대학교 의과대학 정신건강의학과 교수

비상시국에 어른들이 아이들을 위해 무엇을 해야 하는가

우리는 코로나와 기후위기라는 특별히 어려운 시기를 통과 중이다. 지금 이 특별한 시기임을 감지하는 사람은 적다. 그래서 더욱 우리가 사는 시대를 알고 이해하는 사람이 필요하다. 우리 아이들에게도 그들이 이 시대에 겪는 문제를 알고 이해하는 사람이 필요하다. 이 책은 이 비상시국에 어른들이 사랑하는 아이들을 위해서 무슨 말을 하고 무엇을 해야 할지 깊게 고민한 사람이 쓴 책이다.

— 정혜윤 | CBS 라디오 PD

더 외롭고 더 불안하고 더 아픈
아이들을 치유하기 위하여

코로나로 인한 마음앓이는 청소년과 청년들에게 큰 상처로 남겨지고 있습니다. 2년 반 동안 코로나 팬데믹은 우리에게 여러 가지 새로운 경험을 안겨주었습니다. 이는 많은 사람들에게 상처가 된 힘든 과정이었습니다.

가장 높은 사망률을 보인 70~80대 어른 세대에 깊은 애도를 표합니다. 그리고 그 가족들에게도 안타까움을 전합니다. 사회적 거리두기, 백신 접종, 방역 정책 등 여러 조치들은 생소할 뿐 아니라 감당하기 어려운 '최초'의 일들이었습니다.

이 책을 통해 전하고자 하는 아동·청소년들의 이야기는 여러 면에서 새롭게 듣고, 대처해야 하는 내용들이 많습니다. 우리가 이미 알고 있었지만 코로나로 인해 더 큰 파열이 있었거나 격차가 커진 일들도 있습니다.

여러 언론에서 보도했듯이, 코로나는 청소년, 청년들의 심리에 부정적인 영향을 크게 끼쳤습니다. 실제로 치명률이 높았던 노인 세대를 제외하고, 우울과 자살 증가율이 가장 높았던 집단은 청년과 청소년이었습니다.

2021년부터 2022년 수도권의 대도시에서는 청소년의 극단적 선택이 큰 증가세를 보였다는 보도도 전해졌습니다. 20대 청년의 자살 시도 비율 역시 급증했고, 코로나가 청년들을 조용히 학살하고 있다고 합니다.

코로나로 인해 정신건강 악화를 포함한 심리·정서적 불안정을 보이는 현상은 우리나라만의 이야기는 아닙니다. 대표적으로 미국의 소아과의사학회에서는 2021년 10월 미국 아동·청소년의 정신건강 상태가 국가적 차원에서 응급 상태에 처했다는 성명서를 내고 국가의 강력한 개입을 요청했습니다.

영국, 유럽연합, 스웨덴, 브라질 등 많은 나라들도 비슷한 상황입니다. 이들 국가에서는 아동·청소년의 정신건강, 등교와 생활, 지능에 이르기까지 코로나로 인해 드러난 다양한 스펙트럼의 상처에 강력한 대책을 세울 것을 촉구받고 있습니다.

또한 여러 나라 정부가 최근에 보도되고 있는 롱 코비드Long Covid에 대해서 세계보건기구와 함께 기준을 세우고, 후유증 클리닉을 설립하면서 경과와 추세를 면밀히 추적하고 있습니다. 영국에서는 부모들이 '롱 코비드 키드Long Covid Kid, LCK'라는 단체를 만들어 조직적인 활동을 하며 사례를 모으고 정부에 대책을 요구하기도 합니다. 이 활동은 현재 유럽연합으로 확대되고 있습니다.

아이들의 회복을 위해 지금 어른들이 해야 할 일

2년 반을 넘어 지금까지도 지속되고 있는 코로나의 직·간접적 영향은 우리 아이들 마음에 큰 상처를 남기고 있습니다.

코로나가 아이들을 관통하면서 남긴 상처에 고름이 차고 있습니다. 우리는 그 상처에서 고름을 빼내는 치유와 회복의 과정을 제공해야 하는 중요한 순간을 맞이하고 있습니다.

우리가 이 골든타임을 놓치지 않기를 바라는 간절한 마음으로 이 글을 쓰게 되었습니다. 부디 많은 분들이 부족한 이 글의 배경에 담긴 마음을 나누어주셔서 코로나로 인한 상처에 또 다른 상처를 더하는 이중의 고역을 안지 않기를 간절히 바랍니다.

지금 우리 아이들에게 무엇이 중요한지를 제대로 성찰하고 그들에게 필요한, 충분히 좋은 돌봄과 함께 다양한 지원을 제공할 수 있기를 바랍니다.

이 책의 1장은 어떻게 코로나 상처를 아동·청소년 관점에서 볼 것인가에 대해, 2장은 코로나로 인해 지난 2년간 발생한 발달상의 문제에 대해 썼습니다.

3장은 세계적으로 논의되고 있는 이슈들, 코로나 집단외상부터 롱코비드까지 심리·사회적인 이슈를 다루었습니다.

4장은 코로나로 인한 상처에 대한 열 가지 이슈, 특히 부모-교사 교육에서 가장 많이 나오는 질문과 그에 대한 답을 사례와 함께 담아보았습니다. 코로나 상처를 개인적인 차원에서 이해하고, 여기에 구체적인 대화로 접근하는 방법을 제시했습니다. 이를 통해 더욱 현실적인 도움을 드리고자 합니다.

5장은 가정을 넘어 학교를 중심으로 회복을 위한 활동을 제안해 보았습니다. 학교뿐 아니라 청소년 모임이나 단체와 함께 고민해 볼 부분도 담았습니다.

코로나로 인해 아이들의 마음과 관계, 인지, 그리고 미래에는 쉽게 치유하지 못할 상흔이 남았습니다. 그 상처 회복에 사회가 나서야 합니다. 이 책이 거기에 기여할 수 있기를 바랍니다.

코로나로 인한 마음앓이를 치유하지 않으면 미래는 없습니다. 코로나 세대라고 불리는 이 세대가 겪은 피해와 상처를 이해해야 합니다. 그리고 후유증을 비롯한 장기적 결과를 완화할 수 있도록 우리는 과감한 노력을 전개해야 합니다.

수업도 해야 하지만 대화도 필요합니다. 청소년들 간의 관계 회복을 위한 다양한 프로그램도 필요합니다. 코로나 시기를 통과하면서 아이들이 실감한 불평등한 세상에 대해서도 대책과 지원이 필요합니다. 무엇보다 당장은 아픈 아이들을 위한 검사와 지원을 과감히 수행해야 합니다.

영미권 나라들에서는 전문가들과 정부가 아동·청소년을 위한 전문 클리닉을 세우고 어마어마한 예산을 별도로 책정해 지원하기로 했다는 소식을 듣습니다. 대통령까지 나서서 이 예산을 강조하고 아이들의 회복을 국가의 중요한 임무로 이야기하고 있습니다.

늘 아쉬운 마음입니다. 보다 다양한 측면에서 아이들의 회복과 미래를 위해 우리 어른들이 나서서 이야기했으면 하는 바람입니다.

이번 책을 쓰면서도 제가 만나는 청소년들의 도움을 크게 받았습니다. 서울시 자살예방센터, 안산 정신건강트라우마센터, 성장학교 별, 청년행복학교 별, 명지병원 정신건강의학과, 관계의 심리학을 위한 교사연구단, 대한분석치료학회 등 다양한 모임의 동료들과 나눈 대화나 토론이 큰 도움이 되었습니다. 가족과 오랜 친구들, 동창들과의 대화도 모두 영감을 주었습니다.

올해 초 출간 계획이었으나 오미크론 대감염, 롱 코비드, 그리고 지금도 계속 발표되고 있는 새로운 코로나 상황 혹은 코로나 회복 정책들로 인해 한참 미루어졌습니다. 늘 원고를 뒤늦게 드리지만 정성스럽게 대해주시는 해냄 편집부 이혜진, 박신애 선생님, 그리고 송영석 사장님께도 감사드립니다.

한시적인 주제를 다루는 글들이라 그 쓰임이 길지 않지만 함께 고민하는 여러분들에게 영감의 불꽃이 한 조각이라도 전해지길 바랍니다.

코로나로 인해 멍들고 고름에 찬 아이들의 마음이 당국의 성급하고 근거 없는 정책으로 덧나지 않기를, 또한 바랍니다.

2022년 8월
목동에서 김현수

차례

추천의 글 6

프롤로그 더 외롭고 더 불안하고 더 아픈 아이들을 치유하기 위하여 11

1장 코로나 상처를 어떻게 바라볼 것인가

01 확진자에 대한 착각에서 벗어나기 23

02 코로나 상처는 정신건강에 어떤 영향을 주었나 26

03 계획되지 않았던 학교, 가정에서의 실험들 30

04 코로나 팬데믹 이후, 무엇이 중요할까? 36

   코로나 시대, 화장품 회사들의 눈물과 웃음 43

2장 코로나가 남긴 발달적 상처들

01 애착의 혼란_ 자극과 상호작용이 상대적으로 적었던 유아들 47

   코로나 시대, 우리 아기가 배운 첫 단어 52

02 몸의 혼란_ 기초학력보다 기초 체중이 문제다 53

03 **사회성 혼란_** 혼자는 외롭고, 함께는 힘들다 57

    연애도 사교육이 필요한 시대 62

04 **가정의 혼란_** 괴물들의 대소동 63

05 **정신건강의 혼란_** 지금 청소년들의 상태는 응급 70

06 **정상성의 혼란_** 초등 '7학년', 중학 '4학년', 고등 '4학년' 76

07 **관계단절이라는 혼란_** 오로지 수업만 남은 학교 82

    아이들이 가장 아쉬워한 활동 88

3장 코로나가 남긴 심리·사회적 상처들

01 **집단외상_** 정체성을 뒤흔들다 93

    나에게 코로나는 무엇이었나? 100

02 **코로나 피로 증후군_** 나태가 아니라 피로다 102

03 **코로나 스크린 중독 증후군_** 폭발적으로 늘어난 스크린 타임 107

04 **코로나 대이동_** 가정으로 돌아와 알게 된 우리 가족의 현실 112

05 **코로나 격차_** 무기력의 배후에는 포기 문화가 있다 118

    청년들과 소상공인들이 외치는 목소리 123

06 **롱 코비드 증후군_** 끝날 때까지 끝난 것이 아니다 126

4장 코로나 상처 치유를 위해
교사·부모가 실천해야 할 열 가지

01 아이에게 친구는 안전기지 141

02 잔소리와 자율성은 반비례한다 147

03 자기주도적으로 계획을 세우도록 도와주기 153

　　📋　상처투성이 코로나 세대 159

04 스스로 잘 크고 있다는 마음이 들도록 격려하기 161

05 스마트폰, 가족회의로 조절하기 167

06 균형 잡힌 생활로 몸 건강 되찾기 173

07 미디어 리터러시 역량 갖추기 178

　　📋　OTT, 정주행 183

08 무너진 생활을 이해하고 세심히 배려하기 184

09 가정에서 교육으로 배움을 이어가기 189

10 최고의 부모교육은 자신부터 돌보는 것 194

5장 아동·청소년의 건강한 회복을 위한 제언

01 돌봄부터 회복탄력성까지 우리 사회가 놓치지 말아야 할 것 203

02 건강 회복 없이 일상 회복 없다 212

　　걷기부 창립 215

03 관계 회복 없이 학교 공동체 회복 없다 216

　　코로나 시기에 외로움은 어떤 변화를 일으키는가? 224

04 일상 회복 없이 학교생활 회복 없다 228

05 마음 회복 없이 학력 회복 없다 236

　　원격수업에 대한 평가와 논란 247

06 대화 회복 없이 가족 회복 없다 250

　　부모님들의 이야기 255

07 혐오와 차별, 배제를 넘어 더 나은 미래 만들기 257

에필로그 천천히 서두르자 271

주 281

"사회적 거리두기는 보이지 않게 흔적을 남길 겁니다. 지금 사회적 거리두기는 사회적 차별로 발전하고 있어요. …… 감염병 대유행은 리추얼의 종말을 확고하게 못 박습니다. …… 바라봄의 부재는 자신 및 타인과 맺는 관계의 장애를 가져옵니다."

— 한병철, 『리추얼의 종말』0

코로나 상처를
어떻게
바라볼 것인가

1장에서는 코로나가 아동에게 남긴 상처를 논의하며, 그동안 우리가 잘못 알고 있던 사실들을 짚어보고 코로나가 미친 영향에 대해 정리합니다. 그중에서도 가장 큰 영향을 미친 심리 및 정신건강에 관한 문제, 계획한 것은 아니었지만 코로나로 인하여 실행된 사회 실험, 그리고 코로나 이후 새롭게 집중해야 할 의제를 다루었습니다.

본격적인 이야기를 시작하기에 앞서 코로나가 던진 화두를 점검해 보고자 합니다.

확진자에 대한
착각에서 벗어나기

어린 확진자에 관한 오해

많은 사람들이 코로나로 인한 감염이 어른들에게 많았고, 어린이와 청소년들은 감염률이 낮았다고 알고 있습니다. 그렇지 않습니다. 정책을 펼치는 정책가들을 포함해서, 교육 및 언론계, 부모 세대 어른들은 다음의 세 가지 착각을 빨리 교정해야 합니다.

첫째, '어린이와 청소년의 감염률이 낮다'는 착각입니다. 오미크론 대감염 이전까지는 아동·청소년의 감염률이 높지 않았습니다. 그러다 2021년 겨울과 2022년 봄을 지나면서 19세 이하 확진자가 450만 명에 육박할 정도로 늘었습니다. 인구 통계에서 0~18세 인구가 900만 명이 안 되니, 대략 아동·청소년은 두 명 중 한 명 이상이 감염된 셈입니다.

2022년 4월에 질병관리청이 발행한 안내문에는 5~11세 아동이 연령

대비 가장 높은 감염률을 보이고 있다고 명백히 밝혔습니다. 무증상 감염이지만 확진으로 밝혀지지 않은 아동·청소년을 합하면 60~70퍼센트가 감염 경험이 있다고 보아야 한다는 견해가 역학 전문가, 감염병 전문가들 사이에서 지배적입니다.

둘째, '아동·청소년은 코로나에 감염되더라도 경증 혹은 무증상으로 지나간다'는 생각도 사실과 다릅니다. 확진자 중 17퍼센트가 병원에 입원해서 치료받았고, 우리나라에서도 아동·청소년 사망자가 30명 정도 발생했습니다. 어른들에 비해 중증화율이나 치명률이 높지 않았다는 것은 사실입니다. 하지만 15~20퍼센트가 단기간이라도 입원이 필요할 정도로 힘든 증상을 겪었습니다.

셋째, '아동·청소년은 코로나를 가볍게 앓고 큰 후유증 없이 건강하게 지낸다'는 것도 착각입니다. 최근 롱 코비드 혹은 포스트 코로나 증후군이라고 부르는 후유증 현상이 세계보건기구를 포함해 여러 나라에서 조사되고 발표되고 있습니다.

통계 주체에 따라 다르지만 해외 여러 연구기관들이 아동·청소년 사이에서도 롱 코비드가 10~25퍼센트에 이른다고 보고했습니다. 이에 비해 우리는 현재 관련 조사나 연구가 아직 충분하지 않습니다.

어린 세대가 안고 갈 후유증

안타까운 심정입니다. 해외 연구 결과를 기준 삼아 막연히 따져볼 때 우리나라 아동·청소년에게도 10퍼센트 정도 후유증 환자가 있다고 볼 수 있습니다. 그리고 2022년 5월 기준으로 40만~50만 명 정도 후유증 환자가 발생했다고 여겨집니다. 이 중 증상이 더 진행된 경우, 치유된 경우 등 아동·청소년 후유증의 행로는 다양한 결과로 진행되었을 것으로 생각됩니다.

코로나로 인한 상처 중 가장 먼저 분명히 해야 할 전제가 이것입니다. 아동·청소년 중에서도 확진자가 상당히 많았고, 호흡계 증상을 포함한 신체적 증상, 후유증에 이르기까지 많이 아팠다는 사실입니다. 지금은 충분히 회복되어 잘 지내는 듯 보이더라도 앞으로의 모습에 주의를 기울여 살펴볼 필요가 있습니다. 크게 불안해할 필요는 없지만 우리에게 일어난 일을 잘 기록하고 주시하며 충분한 돌봄을 기획하는 것은 중요합니다.

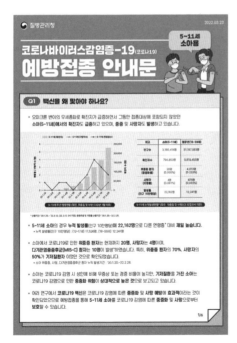

코로나바이러스감염증-19 예방접종 안내문
출처: 질병관리청

02
코로나 상처는
정신건강에 어떤 영향을 주었나

그들의 마음을 붙잡아야 할 때

2020년 10월에 다급한 마음으로 『코로나로 아이들이 잃은 것들』이라는 책을 쓸 때, 저에게 큰 힘이 되어준 것은 정신분석가 크리스토퍼 볼라스Christopher Bollas의 『그들을 잡아줘 떨어지기 전에』라는 책의 글들이었습니다.

하지만 지금 우리는 떨어지는 아동·청소년을 잘 붙잡아내지 못하는 상태임을 고백해야 할 것 같습니다. 여기저기서 나오는 자료들은 낙관적이지만은 않습니다.

다음 표는 2020년 국회의원 신동근 의원실에서 보건복지부에 요구한 자료를 《한겨레》에서 정리한 표입니다.[1] 이에 따르면 10대, 20대의 자살 시도가 눈에 띄게 증가했습니다. 특히 여성이 더더욱 그렇습니다.

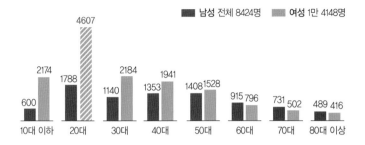

2020년 응급실 내원 자살시도자 현황

출처 : 《한겨레》

청소년 및 청년들의 극단적 선택 또한 2020년, 2021년 증가율이 아주 높습니다.

위 도표에 숨겨진 아우성치는 소리가 어른들에게, 정책 당국에도 들려야 할 텐데요. 그러나 현재 정신건강에 대해서는 충분한 대책이 발표되고 있지 않습니다. 안타까운 마음뿐입니다. 이 자살 시도에 대한 지표는 이 책에서 소개할 여러 불행한 지표 중 하나일 뿐입니다. 앞으로 여러 실태 조사 결과에 대해 이야기를 나누고자 합니다.

아동·청소년의 스트레스에 대응하기

2020년 후반부터 우리나라를 포함한 여러 나라에서 아이들에 대한 걱정을 안고 정신건강을 비롯한 여러 측면에서 실태 조사를 발표하고 있습니다.

유엔, 세계보건기구, 유니세프 등에서 발표하는 아동·청소년 정신건강 상태는 대부분 악화일로입니다. 우울, 불안, 스트레스 지수는 높아지고 있습니다. 아이들은 무력해져 가고 있고, 부모님들도 스트레스가 누적되어 가고 있습니다. 학교 교사들도 마찬가지입니다.

우리나라의 많은 언론이 '코로나 블루'라는, 다른 나라에서는 거의 사용하지 않는 특별한 개념으로 코로나로 인한 정신건강 문제를 보도하기는 했습니다. 보건복지부는 정신건강복지센터 등을 통해 국민들의 높은 스트레스에 적극적으로 대응하겠다고 발표하기도 했습니다.

다행히 2020년 내내 코로나로 인한 아이들의 상처를 '기초학력 부진이나 결손'으로만 협소하게 바라보던 일부 언론의 횡포가 그래도 상당히 줄어들었습니다. 이렇게 여러 분야에서 노력한 덕분에 조금이나마 다양한 측면에서 아동·청소년들의 아픔과 상처를 살펴보려 하고 있습니다.

특히 2020년, 2021년 강민정 국회의원과 함께했던 아동·청소년 건강을 위한 연속 토론회는 큰 도움이 되었습니다. 아동·청소년의 어려움을 다각적 측면에서 분석하고, 여러 직역·직능의 사람들이 함께 토론하고, 이를 공유하고, 여론으로 확산하고자 노력했습니다. 또한 학력만이 아니라 신체, 복지, 정신, 심리, 보건 등 다양한 측면에서 코로나의 영향을 이해하고자 했습니다.

무엇보다 아동·청소년의 측면에서 이해하려는 노력이 꾸준했으며, 앞으로도 계속하리라 기대합니다. 더 큰 부작용을 겪기 전에 균형감을 가지고 아이들과 함께 숙의한다면 치유와 회복이 진행되지 않을까 생각합니다.

경쟁 교육과 입시 강화라는 사회적 기획에서 학생들을 건강하게 지키기는 쉽지 않을 것입니다. 물론 정신건강이 호전되거나 회복되지 않는다면 학업이 잘 될 리도 없습니다. 대재난 이후에 몸과 마음을 회복하는 것뿐 아니라 학력을 진정으로 향상시키기 위해 필요한 것이 무엇인지는 곧 알게 되리라 생각합니다.

계획되지 않았던
학교, 가정에서의 실험들

정답이 없는 길을 걸어온 시간

지난 2년 반 동안 이전에는 경험하지 못한 코로나 상황에서 현재와 미래를 이해하기란 쉽지 않았습니다. 전문가들은 자신들의 발언은 단지 예측일 뿐이라며 방어적으로 이야기했고, 대중은 이를 반복해서 들어야 했습니다.

그 과정에서 우리는 계획되지 않은 새로운 실험에 어쩔 수 없이 끌려다니며 대책과 방안을 마련해야 했습니다. 그리고 정부와 과학자, 의사와 역학 전문가들의 판단을 존중하고 시민의 현실과 정서를 반영하면서 대처해 왔습니다.

앞으로도 우리는 정답이 없는 길을 걸어가야 합니다. 그 길마다 새로운 상황에 대한 대응을 요구받을 것입니다. 코로나가 아이들과 교사, 학부모님들께 던져준 새로운 상황은 다음과 같습니다.

첫째, 가장 긴 등교 금지 기간

전쟁 기간을 제외하고 이렇게 오래 학교에 등교할 수 없었던 적은 없었습니다. 2020년 학기 초부터 벌어진 일입니다. 아이들은 학교를 갈 수 없는 상황으로 인한 특별한 상처와 아픔을 가지고 있습니다. 이것이 가장 큰 트라우마였습니다.

둘째, 수업을 대체한 가장 큰 규모의 원격수업

등교하지 않은 상태에서 원격으로 학교 수업을 처음 접하게 되었습니다. 원격수업의 의미는 둘째치고 '원격수업'이라는 형태가 우리에게 여러 가지 과제를 주었습니다. 컴퓨터나 태블릿PC의 소유 여부, 학습 환경 차이 등에 대해 많은 논의가 필요하다는 사실을 알게 되었습니다. 이것은 학습, 관계, 교사, 배움과 가르침, 격차, 수업의 의미 등에 있어서 학생, 교사 모두에게 복잡한 경험이었습니다.

셋째, 사회적 고립과 격리 상황, 친구를 오래 만나지 못하는 경험

밖에 나가지 못하는 경험과 격리, 사회적 고립이 반복되어 불규칙한 생활을 하면서 아이들은 친구를 만나는 일도 금지되곤 했습니다. 감염병 공포는 분명히 대인관계에도 영향을 미쳤습니다.

등교 중단, 원격수업이 이어지면서 아이들이 장기간 친구를 만나지 못했습니다. 학교의 여러 활동이 중단되고, 이로 인해 많은 아동·청소년들은 친구와 함께하는 중요한 활동을 하지 못했습니다. 수업은 물론

이고 방과 후 활동을 포함하여 수학여행, 축제, 발표회, 창의·체험활동, 지역사회와의 교류 등이 단절된 생활이었습니다.

이는 정서, 사회성, 삶의 경험과 추억, 내러티브와 세대 간 공유 경험에 큰 영향을 미쳤고, 앞으로도 이어지리라 예상합니다.

넷째, 장기적인 가정 내 생활

가정에서 장기간 생활을 경험하게 되었습니다. 기존의 어떤 세대도 이렇게 장기간 집에서 가족하고만 생활할 것을 강요받은 적이 없습니다. 과거 영국에서는 2차 세계대전을 치르면서 가정에서의 생활을 지원하기 위한 방송을 했다고도 합니다.[2] 그만큼 우리가 겪은 일은 전시 상황에 준했다고 볼 수 있습니다.

대부분의 시간을 집 밖에서 보내던 청소년들이 집에 머무르면서 부모와 함께 지낸다는 것은 결코 쉽지 않은 일입니다.

가정에서의 장기적인 생활이 주는 영향, 향후 다시 사회적 거리두기와 격리를 겪게 될 때 부모와 자녀는 각각 무엇을 준비해야 할까요. 어떤 대화, 마음, 생활 습관을 가져야 할지에 대해 우리는 많은 생각을 하게 되었습니다.

이는 가정 내 부모-자녀 관계의 현실을 보여주었고 동시에 앞으로 이런 일이 있을 때 무엇을 준비해야 하는지를 가르쳐주었습니다. 필요에 따라서 중간쉼터, 부모와 자녀 모두를 위한 중재의 장이 필요하다는 것도 알게 되었습니다.

다섯째, 마스크 쓰기로 인해 얼굴 전체를 보지 않고 의사소통하기

무려 2년이 넘도록 마스크와 가림막에 기반한 생활을 하면서 서로의 얼굴을 정확히 알지 못한 채 지냈습니다. 실제로 마스크를 내리면 상대방이 누구인지 파악되지 않는다는 호소도 들립니다.

이러한 의사소통의 어려움은 말 못하는 영유아부터 시작해서 얼굴을 보고 수다를 떨고 싶어 하는 청소년에 이르기까지 큰 고충이 되었습니다. 이렇게 자란 세대는 표정을 잘 읽지 못하고 비언어적 의사소통 능력이 떨어져서 지능에 영향을 받는다는 보고도 있었습니다.[3]

이것은 코로나 이후 우리가 무엇을 회복하고 치유해야 하는지를 알려줍니다. 의사소통, 사회성, 관계의 회복을 위해 할 일이 많습니다.

여섯째, 백신 접종과 백신 패스 논란을 경험한 세대

백신이 승인된 이후에는 청소년들도 접종하기 시작했습니다. 고등학생부터 시작해서 중학생도 백신을 맞았습니다. 백신 부작용을 겪은 아이들도 적지 않고, 백신으로 인한 청소년들의 알 수 없는 죽음도 보도되었습니다. 여러 뉴스 속에서 아이들도 많이 아프고 힘들었습니다. 그리고 현재 후유증을 앓고 있는 아이들도 있습니다.

많은 윤리적 논쟁을 겪고, 뉴스의 홍수 속에서 가짜 뉴스를 접하기도 했습니다. 청소년들에게 정확한 정보를 제공하고 코로나 후유증 파악 및 지원을 할 필요가 있습니다. 이 후유증을 잘 감별하면서 그들 모두가 충분히 회복되는지 경과를 잘 지켜보아야 합니다.

일곱째, 지구 종말 위협을 더 가까이서 느끼다

국가나 사회의 통제에 따라 개인이 구속되는 디스토피아, 종말론적 상황을 아동·청소년들은 어린 나이에 경험했습니다. 이들의 세계관과 가치관이 과연 어떻게 형성되고 발휘될지 주목해야 합니다.

이들은 무기력, 불안과 두려움, 분노 등 다양한 감정을 겪고 있다고 합니다. 자신을 둘러싼 세계에 민감해지기 시작하는 청소년들과 많은 토론이 필요합니다.

여덟째, 모두가 멈춘 상태에서 국가의 민낯을 본 경험

팬데믹 시기에 방역, 사회적 거리두기, 소상공업 영업제한 등을 경험하면서 국가의 존재와 역할을 실감했습니다.

누구도 일할 수 없는 상황에서는 국가가 지원금을 준다는 것도 알게 되었고, 그런 상황에서도 반드시 일해야만 하는 사람들이 있다는 것도 알게 되었습니다. 질병관리청의 브리핑에 주목해야 하는 시기도 있었고, 주말마다 발표되는 방역 조치 범위에 민감해지는 사람들도 있다는 것을 알았습니다.

철학자 지젝은 이를 '공산주의적 배분'의 원시적 형태라고 했습니다. 그리고 산업구조의 변천, 대감염 등으로 인해 이제 누구나 일할 수 있는 시대가 끝나감을 보여주는 서막이 올랐으며 코로나가 그 단초라고 말하기도 했습니다.[4]

아홉째, 역사상 가장 높아진 두 가지, 스크린 타임과 체중

코로나 이후 오랫동안 사회적으로 고립되면서 인류는 스마트폰을 포함하여, 노트북, 태블릿PC, TV 등 스크린 앞에서 압도적인 시간을 보냈습니다. 조사 기관마다 스크린 타임이 평상시의 3~5배 이상 늘었다고 이야기합니다. 이 또한 팬데믹처럼 전 세계적인 현상이었습니다.

스크린 타임 증가는 체중 증가와 연동되었습니다. 체중 또한 높은 증가를 보여 많은 나라들이 코로나 회복의 첫 번째 활동을 '신체활동'이라고 이야기하고 있습니다.

우리는 21세기의 여러 측정 도구와 지표, 데이터들을 갖고 대감염으로 인해 겪은 여러 일들을 정리하고 있습니다. 그 결과들은 후에 여러 가지 사실을 전달해 줄 것입니다.

이전에 없었던 경험들을 한 아이들이 유치원에 가고, 학교에 다니고, 도서관에 오고, 마을과 도시의 여러 곳을 자유롭게 다니기 시작했습니다. 다른 경험은 다른 감성과 사고를 만들어냅니다. 코로나 팬데믹 2년을 겪은 아이들의 경험이 어떤 행동으로 나올지 예측 가능한 부분도 있습니다. 하지만 우리는 그들의 내적, 집단적 프로세스에서 어떤 결과들이 나올지 귀추를 주목해야 합니다.

이런 경험들로 인해 얻은 코로나 세대만의 상처가 있습니다. 발달 단계, 시기마다 피해의 주요 관점이나 상황은 다릅니다.

코로나 팬데믹 이후,
무엇이 중요할까?

지구가 멈출지도 모른다는 공포

여러 변화 속에서 아이들은 어떤 경험을 하고 있을까요? 말로는 하지 않아도 속으로 어떤 일들을 겪고 있을까요? 속에 있는 어떤 말을 꺼내서 어른들과 대화하고 싶을까요? 여러분은 아이들과 코로나와 관련하여 마음속 이야기를 나누고 계신가요?

디스토피아를 매일 경험하고 있는 첫 세대는 어떻게 자라날까요? 어른은 그런 아이들에게 무엇을 해주어야 할까요? 코로나 대감염은 코로나 세대, 지금 자라나고 있는 세대의 현재와 미래에 어떤 상처를 주고, 그것은 어떻게 발현되고 있을까요? 이는 모두 저의 중요한 질문이자 많은 어른들의 질문일 것입니다.

코로나 대감염 시대를 겪은 청소년, 청년들은 지구가 멈추는 모습을 목격한 세대입니다. 물론 우리 모두가 보았지요.

지난 2년간 매일 몇 명이 감염되었는지, 몇 명이 사망했는지, 다른 나라는 어떤지를 확인하고 지냈습니다. 학교를 못 가는 날이 부지기수였고, 직장에 나가지 못하는 부모와 시간을 보내기도 하고, 그래서 집에 머무는 시간이 길어지곤 했습니다.

아이들은 영화에서나 보던 디스토피아가 현실로 닥쳐올지도 모른다는 두려움이 느껴질 때도 있다고 하고, 백신을 안 맞았는데 감염되면 좀비로 변하는 것은 아닌가 무섭다고도 말합니다.

그런데 이 코로나 대감염 속에서도 어른들은 온통 부동산, 코인, 주식 등 눈앞의 돈, 죽기 전에 다 쓰지도 못할 돈 이야기뿐이라고 합니다. 그리고 기승전 공부로 끝나는 꼰대 세대인 부모와의 대화는 답답하기 그지없다고 합니다. 아이들은 자신들의 앞날에 대해 근거를 가지고 밝게 이야기해 주는 어른을 만난 적은 거의 없다고 합니다.

진정 관심을 가져야 하는 문제들

미래 이야기를 들려주는 어른들에게 '나에게 희망이 있다는 걸까?' 하는 의문이 들었다는 아이도 있습니다. '과연 미래가 우리들에게 우호적이기는 한가?' 하면서요. 그런 생각이 들면 아주 힘들다고 합니다. 불안이 엄습한다고 합니다.

이런 내면의 질문을 갖고 있는 아이들과 꼭 나누어야 할 대화는 무엇일까요? 교육철학자 거트 비에스타Gert Biesta는 '근본적으로 우리가 지금 진정으로 주의를 기울여야 하는 것이 무엇인가?'를 묻는 것이 코로나 시대의 성찰이 출발하는 지점이라고 했습니다.[5, 6] 그 말인즉 우리가 코로나 대감염을 겪으면서도 여전히 중요하지 않은 것에 매달리고 있는 게 아닌가 질문해 보라는 뜻인 듯합니다.

그의 주장을 담은 두 가지 논문을 정리해 보았습니다.

첫째, 코로나 위기는 혼란이 아니라 전환이라는 중요한 순간

코로나 위기 속에서 발견된 현상을 잘 보기 위해서는 '위기crisis'라는 말의 정의를 살펴보아야 합니다. 위기라는 말의 어원인 'krinein'에는 혼란을 의미하는 'chaos'가 아니라 '숙고와 판단이 요구되는 중요한 순간, 전환 지점'이라는 의미가 담겨 있다고 합니다.

우리가 논의하고 집중해야 할 문제가 무엇인지, 이에 대한 진지한 성찰과 판단이 지금 우리에게 닥친 과제입니다.

둘째, 학력 격차라는 현상은 새로운 일이 아니다

일부 사람들과 언론이 밝힌 학력 격차와 학업 손실은 코로나로 인해 발생한 현상 중 전혀 새롭지 않은 일이라고 비에스타는 말합니다. 이 격차와 손실은 평상시에도 있었으며 코로나 팬데믹 상황에서 예상되었던 일이라면서요.

그러므로 우리가 새롭게 이 격차와 손실에 관심을 갖고 새로운 지원과 제안을 한다면 환영할 만한 일이라고 했습니다. 하지만 이것이 다시 서열과 측정을 기반으로 하는 여러 교육산업들과의 결탁으로 이어진다면, 코로나 위기를 교육의 진정한 만남, 교육의 미학aesthetic으로 안내하기보다 교육을 더욱 마취anaesthetic시키는 일이라고 했습니다.

셋째, 디지털 우선과 에듀테크놀로지의 과대 선전은 포스트 코로나에 가장 강조할 일은 아니다

여러 정부가 코로나 시기 원격수업 경험에 기초해서 디지털에 대해 말하고 있습니다. 하지만 현재 논의 중인 디지털 학습에는 '디지털'이라는 개념이 존재하지 않고, 교육 도구·연장으로만 논의되고 있다고 비판했습니다.

더 엄밀히 말하면 마이크로소프트 기반 교육, 줌 기반 교육, 구글 기반 교육 운운하는 상업주의 기반의 논의에 교육 당국이 끌려가는 형상에 불과하다고 했습니다. 이는 마치 능숙한 목공 공예인에게 일방적으로 망치, 해머 세트를 지급하고 작업하라는 것과 유사하다면서 말이지요.

교사의 가르침과 학생의 배움, 또 학습자의 학습 상황을 교육으로 구현하는 디지털 학습에 대해서는 더욱 복잡한 논의와 철학적·교육학적 뒷받침이 필요하다고 했습니다.

비에스타는 자발적인 학습자를 보조해 주는 방법으로써 논의해 오던 원격수업이 지금은 전혀 다르게 쓰이고 있다는 점을 우려하고 있습니다.

넷째, 코로나로 인해 배움이 중단되었다고 말하는 것은 교육과 배움을 지나치게 학교 중심으로만 생각하는 것

비록 학교에 가지는 못 하지만 집에서, 혹은 여러 매체를 통해서, 아이들이 속한 지역에서 새로운 일들을 경험하고, 읽고, 보고, 배운다고 비에스타는 말합니다. 이 시기 아이들이 '배운 것이 없다'라고 말하는 것은 '모든 교육은 학교에서만 일어난다'는 의미로 불편한 언급이라는 것입니다.

매체를 통해 대감염 시기에 어떻게 행동해야 하는가, 어떻게 친구들과 연락을 유지하며 우정을 이어갈 수 있는가, 시간을 잘 보내기 위해 어떻게 생활해야 하는가 등의 과제가 있습니다. 이를 시행착오를 통해 배웠다고 하는 아이들도 많습니다. 아이들과 부모를 위해서도 이 시기에 배운 것이 없다고 하는 태도는 바람직하지 않습니다.

이 대목에서는 학교와 가정, 지역사회의 배움이라는 주제에 대해 생각해 볼 이슈들이 많습니다. 코로나 이후에도 부모와 지역사회는 중요한 교육 파트너입니다.

다섯째, 코로나 팬데믹에서 아이들에게 교육은 무엇을 했고, 학교는 무엇을 했으며, 그 진정한 의미는 어디에 있는가를 물어야 한다[7]

진짜 중요한 교훈을 어디에서 찾을 것인가는 중요한 질문입니다. 코로나 팬데믹이 아이들에게 어떤 변화를 가져왔고, 그 과정에서 사회적 요소들은 어떻게 반응했는가를 묻고 답해야 합니다. 그래야 각각의 역할과 의미, 그리고 나아갈 방향을 성찰할 수 있기 때문입니다.

이 책은 아이들이 겪은 혼란에 대해 말할 것입니다. 그 과정에서 사회의 여러 요소들은 어떻게 응답하고 아이들의 삶 속에 스며들고, 변화를 겪어내고 있는지에 대해 이야기를 할 수 있을 것 같습니다.

결론의 일부를 말씀드린다면, 비에스타가 말한 학교의 치유적 기능인 개입interruption, 지연suspension, 지원sustenance 등의 제공(대부분 학교에 머무르면서 교육과 교사, 또래들과 함께 중요한 과정을 겪어내는 것을 의미하는 개념으로 추후 다시 설명할 예정입니다)이 중단된 데 대해 아이들은 치명적으로 반응하였다는 사실입니다. 즉, 아이들이 머무르면서 성장하고, 성장하면서 친구, 선생님, 강사 등을 만날 수 있는 시간과 공간이 사라져서 큰 정서적 충격을 받았습니다.

천천히, 아이의 속도에 맞춰 회복의 길로

지금의 아이들에게 속도를 내는 것보다 더 중요한 것은 속도를 늦추는 것입니다. 힘들어하는 아이들 중 일부는 코로나 팬데믹 시기에 뒤처진 부분을 따라 잡기 위해 가속도를 내고 싶어 합니다. 하지만 예기치 않은 코로나 팬데믹으로 인해 돌발상황이 발생하기도 하고, 학교 운영도 불규칙해서 이것이 불가능한 경우가 많습니다. 결국 아예 포기하는 경우도 종종 보곤 합니다.

비에스타는 청소년기 아이들에게 서두를 필요 없다는 이야기를 종종 하는데 지금은 더더욱 그렇습니다. 이 상황에서 속도를 내라는 채찍을 들면 아이들은 이 트랙에서 이탈하거나 이 트랙을 부숴버릴 수도 있습니다.

그러므로 코로나 팬데믹으로 인한 최초의 장기적·사회적 고립과 정서적 단절, 등교 금지와 학습 불능 상황을 경험한 아이들과 해야 할 중요한 일은 정서적 치유와 돌봄, 관계와 공동체 회복을 추구하는 일입니다. 천천히 이 일들을 해나가면서 아이들의 속도와 조율해 가야 합니다.

이 난리를 겪었는데 정말 무엇이 중요한 것일까요? 영화 〈곡성〉의 유명한 대사 "무엇이 중한디?"는 지금 아주 중요한 질문입니다. 코로나 팬데믹, 그리고 포스트 코로나 시대 중요한 것이 무엇인지 아시겠지요?

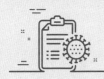

코로나 시대, 화장품 회사들의 눈물과 웃음

코로나 시기 불황에 빠진 사업 중 하나가 화장품 판매였습니다. 첫해 2020년 2월부터 3월 사이에 화장품 판매 부진이 시작되었습니다.

무려 2년간 마스크를 쓰고 사는 동안 많은 분들이 눈 화장과 기초화장에 치중한 반면 얼굴의 색조 화장과 마스크에 영향을 주는 립스틱 사용은 줄어들기 시작했습니다. 입술이나 눈 관련 화장품은 극단적 대조를 보였습니다. 특히 립스틱은 가장 영향이 컸지요.

그러다 마스크를 야외에서 벗어도 된다고 발표한 2022년 5월 이후 가장 환호한 산업 중 하나가 화장품 산업입니다. 특히 립스틱, 색조 화장품 관련 산업은 대환영을 표했습니다. 실제로 판매량이 증가하고 있다는 보도가 나오기 시작했습니다.

하지만 마스크 벗기를 환영하지 않는 사람들도 있었습니다. 이들을 청소년들은 ○○○이라고 부르더군요. 별로 어렵지 않은 퀴즈입니다. 마스크를 썼을 때의 자신이 더 멋지다고 생각하는 이들을 무엇이라고 부를까요?

바로 마스크에 사기꾼을 합쳐 '마기꾼'이라고 합니다.

"모든 애도의 작업, 모든 재난의 상징화는 무언가를 결핍하고
있으며, 새로운 재난으로 향하는 길을 열어놓는다."

— 슬라보예 지젝, 『잃어버린 시간의 연대기』[0]

2장

코로나가 남긴
발달적
상처들

2장에서는 코로나가 아동·청소년에 미칠 수 있는 발달적 영향을 다루어보고자 합니다.

외면받다시피 하고 있는 영유아에 대한 코로나 영향부터 애착, 신체, 사회성, 가정, 정신건강에 대한 발달적 상처를 다루었습니다. 발달상 혼란스런 개념이 되고 있는 '정상'이라는 문제와 더불어 전통과 리추얼의 단절로 인한 심리적 결여, 의사소통의 문제를 이야기합니다.

애착의 혼란

자극과 상호작용이 상대적으로 적었던 유아들

코로나 팬데믹으로 인한 양육 제한

코로나 시기에 태어난 아기들은 그 이전에 태어난 아기들과 어떤 차이가 있을까요? 육아 환경에 어떤 격차가 있을까요?

첫째, 코로나 시기에 태어난 아이들은 엄마, 아빠와 함께 밖을 나갈 수가 없었습니다. 장기간 격리와 고립, 그리고 거리두기로 인해 아이들은 훨씬 더 오랜 시간 동안 집 안에 있어야 했습니다.

둘째, 코로나 시기에 태어난 아이들은 햇볕을 자주 쬐지도 못했다고 합니다. 다양한 공기로 호흡을 하지도 못했습니다. 외출하더라도 마스크를 쓰고 나가야 해서 햇볕을 쬐는 신체 부위도 제한되었습니다.

셋째, 이전에 비해 여러 가족을 자유롭게 만날 수가 없습니다. 할머니, 할아버지, 이모, 고모, 삼촌 등을 감염 위험 때문에 자주 보지 못했습니다. 이로 인해 낯선 사람에 대한 불안이나 분리불안이 더 높아질 위험이 커집니다.

넷째, 코로나 시기의 육아는 독박육아가 대부분이었습니다. 부모의 책임이 더 커졌고, 부모가 모든 일을 해내야 했습니다. 도움을 받기가 어려워진 상황에서 육아가 두려운 부모들은 힘든 시간을 보냈습니다. 엄마나 아빠가 지치면 놀아주거나 대신 돌봐줄 사람이 없습니다. 사회적 거리두기가 강화되자 산모 지원 등 정기적으로 가정을 방문하는 프로그램이 중단되어 부모는 전적으로 육아에 매달려야 했습니다.

다섯째, 이렇게 지내다 보면 집 안에서의 공기에만 익숙해지고 집 안 환경에만 익숙해져서 다른 환경에는 너무나 취약해지는 위험이 높아집니다. 이는 면역성에도 영향을 미칠 것으로 생각합니다.

여섯째, 아이가 토하거나 설사를 하는 등 갑자기 이상증세를 보였을 때 도움을 받기도 어려웠습니다. 많은 응급실들이 코로나 감염에서 안전을 확보하기 위해 더 많은 절차를 요구했습니다. 아이의 상태에 대해 문의할 사람이 없어서 힘들어한 부모들이 많습니다. 상담 전화도 불통이고 부모님과도 연락이 되지 않는데, 응급실 내왕마저 어려우니 발을 동동 구른 부모가 한둘이 아니었습니다.

일곱째, 육아 스트레스가 커지자 산모의 우울이 깊어지고 불안이 높아지고, 양육을 도와주는 사회 시스템의 부재로 인해 충분한 도움을 받지 못했습니다.

여덟째, 결국 아이가 안정적 애착을 형성하지 못하고, 커가면서 불안정한 애착을 형성하지 않을까 걱정하는 신세가 되었습니다.[1]

마치 전쟁통에 아이를 낳아서 엉겁결에 정신없이 키우는 것 같다고 할까요. 많은 부모님들이 어떻게 키웠는지 모르겠다고 하소연합니다.

코로나로 인해 우리는 온전히 아이들에 집중하기 어려운 시간을 보냈습니다. 태아 및 영아에 대한 코로나 감염 걱정도 컸고, 양육 불안으로 인해 마음도 편치 않았고, 자주 찾아와 도움을 주는 손길이 끊어져 힘들었습니다. 문자 그대로 독박육아를 해낸 것입니다.

코로나 시기 영유아의 지능 저하

미국 브라운대 소아과 교수팀은 2019년 1월부터 2020년 7월 사이에 태어난 영유아, 생후 3개월~만 3세 아기 672명을 대상으로 인지능력 발달 평가를 보고하였습니다.[2] 그리고 이를 2011년에서 2019년 사이에 태어난 영유아 점수와 비교하였습니다. 그 결과 코로나 발생 전 영유아들의 인지발달 평가 점수는 평균 98.5~107.3이었던 데에 비해 코로나 팬데믹 동안 영유아의 점수는 2020년에 평균 86.3, 2021년에는 평균 78.9로 다소 떨어진 것으로 확인되었습니다.

이론상 영유아들의 일반적인 인지 발달 평가 점수 기준은 100이라고 할 때, 코로나 팬데믹 동안 자란 영유아들은 13.7~21.1이나 떨어져 있는 셈이었습니다. 특히 비언어적 발달에 대한 평가 점수에서 코로나 대유행 기간에 태어난 영유아의 점수가 27~37 정도 낮게 나타나는 것을 확인했습니다.

고소득층보다 저소득층 아이들의 점수 하락 폭이 컸고, 성별로는 남자아이들이 여자아이들보다 더 크게 하락한 것으로 나타났습니다.

이는 코로나 확산으로 영유아들이 가족 외에 이웃이나 친척을 만나지 못하고, 인지 능력 발달에 필요한 자극이나 외부와의 상호작용이 줄어들었기 때문이라고 분석했습니다.

과학 학술잡지 《네이처》는 캐나다 캘거리대학교 연구팀이 팬데믹 기간 동안 임산부 8,000여 명을 상대로 조사한 결과를 실었습니다. 산모 중 50퍼센트가 불안 증상을 경험했고, 3분의 1은 우울증 증상을 호소하기도 했는데 이는 전보다 훨씬 높은 비율이었습니다.

특히 연구팀이 3개월 된 신생아 75명의 뇌를 MRI로 촬영해 분석해 보니 불안·우울증을 심하게 느낀 산모에게서 태어난 아기일수록 뇌 편도체와 전두엽 피질의 연결이 느슨한 것으로 확인되었다고 합니다. 뇌 편도체는 감정 처리를 담당하고, 전두엽 피질은 실행 능력을 맡는 중요한 조직입니다.

또한 미국 뉴욕 장로교 모건 스탠리 아동병원 연구진도 최근 팬데믹 이후에 태어난 유아들의 근육량 등 신체 능력과 언어 등 소통 능력이 이전에 비해 뒤떨어진다는 사실을 확인했습니다.[3]

이런 영유아의 발달 결과들이 타인과의 교류 부족 때문이라는 지적도 있습니다. 실제로 영국에서 발표된 한 조사에서 8개월~3세 사이의 아이들을 상대로 조사한 결과가 이를 뒷받침합니다. 결과에 따르면 팬데믹 기간 동안 양육자가 집에서 홀로 돌본 아이보다는 그룹 케어를 받은 아이들의 실행, 언어 능력이 더 나았다고 합니다.

산모의 스트레스 그리고 육아에 대한 가족 전체의 스트레스가 커짐으로써 어린이들이 제대로 돌봄을 받지 못하고 심지어 학대가 늘어나는 일도 있습니다. 이는 많은 전문가들이 예측하고 대비한 일입니다.

실제로 가족 전체의 스트레스, 양육을 전담하는 주부들의 스트레스는 아주 높았던 것으로 보고됩니다. 부모나 교사 등 아이의 발달에 깊은 관심을 가지고 있는 분들의 공통된 관심은 이런 양육의 불리함, 가족과 태아의 높은 스트레스 등이 누적되어 발달상의 결핍이나 격차로 평생 동안 이어지지 않을까 하는 점입니다.

현재까지 알려진 연구들은 조기 개입을 통해 이런 문제가 많이 해소될 수 있다고 말합니다. 중요한 것은 조기 개입입니다. 민감기라고 부르는 시기 안에 빠르게 개입하고 지원하면 큰 문제는 생기지 않을 수 있습니다. 그러나 두 살 전의 아이들은 본인이 겪는 스트레스를 부모에게 잘 표현하지 못할 수도 있습니다.

우리나라는 이를 민감하게 받아들이지 않는 편인 데다 국가적 차원에서 계도가 부족하여 영유아들이 문제를 겪더라도 뒤늦게 발견하는 경우가 있습니다. 부모 및 영유아 관련자들을 적극적으로 교육하고 참여토록 하여 코로나 시기 영유아들에게 일어난 발달상의 문제나 스트레스에 빠르게 대처하게 되기를 바랍니다.

코로나 시대, 우리 아기가 배운 첫 단어

코로나 시기에 태어나 아이들이 처음 본 얼굴은 ○○○를 쓴 얼굴이었고, 자신의 부모님도, 자신을 처음 안아주는 할아버지, 할머니도 ○○○를 쓰고 있었다고 합니다.

아기로 누워 지내면서 자신을 사랑해 주는 사람들이 모두 ○○○를 쓰고 있었기에 아기들은 ○○○를 쓰고 있는 것이 '정상'이라는 지각을 갖고 있다가, 갑자기 ○○○를 쓰지 않은 사람들이 자신에게 다가오면 불안을 보였다고 합니다.

영국 BBC에서 코로나 팬데믹 속의 육아가 이전의 육아와 다른 점에 대해 대담을 나눈 적이 있습니다. 방송에 나온 한 어머니는 자신의 아이가 부모에 관한 이야기를 제외하고, 처음으로 쓴 사회적 용어는 ○○○라고 했습니다.[4] 엄마들 모임에 갔을 때는 모두가 ○○○를 쓰고 있는 모습을 보면서 이렇게 말했다고 합니다. "엄마, ○○○." 그러면서 아기들의 기억 속에 ○○○는 지워지지 않는 기억으로 남아 있다고 강조했습니다.

말하지 못하는 아기들이 지난 2년간 본 얼굴들의 특징은 코나 입이 없고 눈만 있는 얼굴들이었습니다.

○○○, 이 말은 무엇일까요? 답은 마스크입니다.

02

몸의 혼란
기초학력보다 기초 체중이 문제다

다양한 활동 멈춤으로 인해 급증한 비만율

안정적 애착 다음으로 전 세계 어른들의 공통된 관심사는 아이들의 건강이었습니다. 그중에서도 뛰어 놀기를 가장 좋아하는 6~9세 학동 전기나 초등 저학년 학생들의 건강 문제에 특별한 관심이 모였습니다. 많은 나라의 자료에서 그들 중 상당수가 비만을 보인다고 보고되었기 때문입니다.[5]

일부 국가를 제외하고 많은 나라에서 어린이와 청소년들 사이에 비만과 대사질환이 처음 발생하는 비율이 높아지고 있습니다. 코로나로 인해 어린이와 청소년들은 외출 금지, 놀이 금지, 운동 금지 등으로 생활양식이 변했기 때문입니다. 등교 중단, 코로나 감염 차단을 위한 거리 두기 및 봉쇄, 야외활동 금지, 야간활동 금지 등 다양한 사회 활동 차단으로 인한 영향도 컸습니다.

코로나로 인해 전 세계의 어린이·청소년들은 신체활동이 감소하고 앉거나 누워서 지내는 시간이 늘었습니다. 이는 스크린 타임 증가로도 이어졌습니다. 이렇게 생활양식이 변하자 체중 증가나 생활 리듬의 변화를 겪고 있습니다.

비만은 원래 유전적, 행동적, 환경적 요인으로 발생합니다. 그런데 최근에는 유전적 요인을 제외한 나머지 두 요인, 즉 행동적 요인과 환경적 요인이 작용하고 있습니다. 스스로 움직이지도 않고, 사회적으로 움직일 일을 제한하고 있으니 비만이 발생하기 쉬운 조건이 형성된 것입니다. 그래서 세계적으로 아동·청소년의 비만 문제가 심각해진 상태입니다.

집에 오래 머무르면서 더 자주 먹고, 덜 움직이고, 스마트폰을 오래 잡고 있는 상태를 효과적으로 조절하거나 변화시키기란 쉽지 않습니다. 부모가 교육자가 되거나 아이들이 새로운 습관을 실천하고 숙달해야 하는데, 개인적으로 하는 학습, 훈련, 숙달은 집단 활동에 비해 어려운 데다 효과도 떨어집니다. 그런 의미에서 어린이 방송이나 국가의 역할이 아주 중대한 시점이라고 생각합니다.[6]

건국대학교 소아청소년과 정소정 교수팀의 연구에 따르면 보통 겨울에 체중이 증가하고 여름에 감소하는 정기적 패턴이 2020년에는 붕괴했다고 합니다. 다음 그래프에서 보이는 바와 같이, 2019년 겨울보다 2020년 여름에 체중이 증가했고, 2020년 겨울에는 더 늘어나서 우리나라 어린이·청소년들의 비만화가 최고조에 이른 상태라고 합니다.[7]

이렇게 비만화가 되면 대사성 질환에 걸릴 확률이 높아지고 정서적으로도 짜증이 늘 수 있습니다. 외모에 대한 불평이나 불만이 생겨 더

더욱 외출이 줄어드는 결과로 이어져 악순환의 사이클에 올라 탈 위험성이 커집니다.

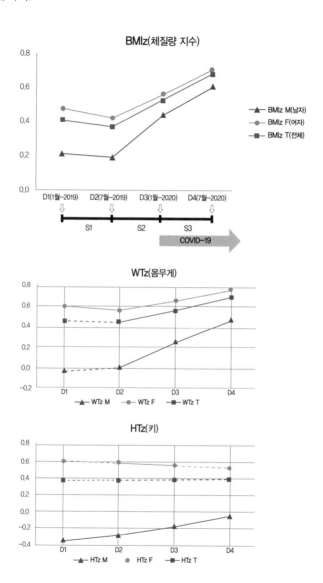

우리나라 어린이·청소년의 2019~2020 BMI 변화

빈곤 취약 계층을 대상으로 일하는 시민단체의 정책 리포트에서도 결과는 마찬가지입니다. 아동·청소년 61.5퍼센트는 저체중이나 과체중, 비만으로 정상체중 범위에서 벗어난다고 보고하고 있습니다.[8]

비만, 방치해서는 안 된다

소아 비만은 여러 대사 질환, 성조숙증, 내분비 질환 등 신체질환을 일으키는데, 물론 여기에서만 그치지 않습니다.

비만은 초등학교 저학년 남학생들에게는 신체활동에 대한 자신감을 저하시키고, 사회성을 떨어트립니다. 그래서 운동 능력, 친구 관계에 영향을 미칩니다. 신체활동, 스포츠에 참여하는 것은 스트레스를 푸는 중요한 활동인데 점점 여기에 참여하지 않게 됩니다. 결국 게임에 더 집착하고 몰두하게 하기도 합니다.

비만은 신체 이미지에도 악영향을 끼칩니다. 2차성징 발현과 함께 신체 이미지에 대한 집착이 높아진 중학교 여학생은 우울 같은 정서상의 문제, 자해 같은 행동상의 문제를 일으킵니다. 결국 부정적으로 자기를 평가하게 됩니다.

거식증과 폭식증 같은 식이장애를 가진 청소년들도 이 시기에 사회적 거리두기나 등교 중단으로 인해 활동량이 줄어들어 체중 증가에 더 예민해졌다고 합니다. 증상 악화로 인해 더 힘들어진 모습을 보인다는 보고도 많아졌습니다. 코로나는 식이장애 발생 및 악화에도 영향을 끼쳤습니다.[9]

사회성 혼란

혼자는 외롭고, 함께는 힘들다

친구와 부대낄 기회를 잃은 아이들

코로나 팬데믹은 아이들의 몸은 비대하게 만든 반면 친구 관계, 또래 관계는 여위게 만들었습니다. 아이들은 집에서 많은 시간을 보내야 했습니다. 그리고 부모가 아이들의 놀이 친구가 되어주었습니다. 하지만 많은 발달학자는 부모가 놀이 친구로서 썩 적합하지는 않다고 합니다. 이유는 다음과 같습니다.

부모는 아이들이 재미있어 하는 놀이에 금방 지루함을 느끼는 편이고, 인내심이 적은 편이며, 자신이 좋아하는 놀이로 바꾸기를 원하기 때문입니다.

이러니 코로나 상황에서 아이들은 놀이를 통해 얻을 수 있는 사회 기술, 도덕성 발달, 사회학습의 기회를 얻지 못하게 되는 것입니다.[10]

코로나 시기에 사회적으로 고립됨으로써 혼자 지내는 시간이 길어진 현상에 대한 부작용은 우려할 점이 많습니다. 미국 다트머스대학교 심리학 및 뇌과학부 아르젠 스토크Arjen Stolk 교수는 5세 내외 아이들의 또래 놀이 경험에 따른 사회인지 차이를 연구했습니다.

그의 주장에 따르면 사회적 고립이 없는 아이들은 비언어적 학습 능력, 사회 규칙 이해 능력 등을 습득하는 데 어려움이 없었습니다. 반면 고립된 기간이 긴 아이일수록 이런 능력에 어려움이 커진다고 합니다.[11]

삶의 현장에서 배울 기회를 놓치다

실제로 코로나로 인해 등교 기간이 짧았던 아이들이 겪고 있는 문제가 바로 사회인지와 관련된 것들입니다. 그중에서도 책에 나오지는 않지만 살아가는 데 필요한 삶의 기술, 또래나 형제가 없으면 배우지 못하는 기술, 사회에 나와야 배울 수 있는 기술 등은 적절한 나이에 광범위한 삶의 현장에서 실습해야만 합니다. 이를 할 수 없다는 것이 후에 큰 문제가 될 것으로 보입니다.[12]

이는 흔히 '보이지 않는 교육과정Hidden Curriculum'이라고도 하고, '학교 문화'라고 부르기도 했던 것입니다. 학교에 와서 다양하게 경험하는 사회적 상호작용들은 수업과 관련된 다양한 활동을 매개하는 중요한 활동들입니다. 또한 학교에서 관계를 형성하고 매개하고 학습을 가능하게 하는 환경 및 조건을 형성하는 활동이라고 할 수 있습니다.

이런 환경이 조성되지 않거나 실패하면, 즉 모둠에 참여하지 않거나,

선생님의 지시에 따르지 않거나, 친구와 협력하지 않거나, 선생님과 아이들을 쳐다보지 않거나, 관심과 사랑을 나누지 않거나, 친구를 돕지 않는다면, 학급 안에서 무엇이 가능할까요? 집에 가고 싶은 마음만 커져서 "선생님, 집에 가서 해 오면 안 되나요?"라고 눈치 없이 수업 중간쯤에 말한다면 아이는 어떤 존재가 될까요? 현재 학교는 이러한 현실로 인하여 고충을 겪고 있습니다.

많은 교육 전문가들은 코로나 이후 회복 과정에서 다루어야 하는 가장 중요한 교육 내용으로 사회정서학습socioemotional learning을 제안하고 있습니다.[13]

감정, 관계, 협력을 다루는 학습을 더 강조한 교육 과정에 기반하여 효과적으로 학교생활을 할 수 있는 능력이 보완되어야 한다는 주장입니다.

1. 나눔 기술

2. 협동 기술

3. 경청 기술

4. 공간 정하기 기술

5. 눈 맞춤 기술

6. 지시 따르기 기술

7. 도와주기 기술

필수적 사회 기술

같은 반 친구와의 거리감이 가장 크다

소속감 약화는 정체성·자긍심·자존감 약화로 이어집니다.

코로나 시기 신입생들 중에는 새로운 친구를 만들고 학급에 대한 소속감을 강화하는 데 실패한 아이들이 많습니다. 이는 학교에 대한 적응력과 심리안정을 흔드는 데도 기여합니다. 《중앙일보》가 초·중·고·대학교 1학년생을 대상으로 조사한 결과에 따르면 다음과 같은 경향을 보였다고 합니다.[14]

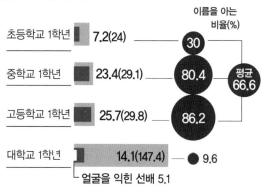

단위: 명, 2020년 10월 14일 ~ 11월 5일 조사
응답: 초1(85명), 중1(59명), 고1(83명), 대1(121명)

🔘 전체 반·학과 친구 및 동기
⚫ 이름을 아는 반·학과 친구 및 동기

		이름을 아는 비율(%)
초등학교 1학년	7.2(24)	30
중학교 1학년	23.4(29.1)	80.4
고등학교 1학년	25.7(29.8)	86.2
대학교 1학년	14.1(147.4)	9.6

평균 66.6

얼굴을 익힌 선배 5.1

코로나 신입생, 친구 몇 명이나 만들었나

출처: 《중앙일보》

코로나 이후 아이들의 사회성 변화는 많은 학자들의 연구 대상이 되고 있습니다. 장기간 사회적 거리두기와 등교 금지가 현실에 어떤 영향을 미치고 있는지에 주목하고 있는 것입니다.

코로나로 인해 서로 얼굴을 볼 수도 없으니 학교폭력은 거의 발생하지 않을 것으로 예상했습니다. 그러나 아이들은 서로를 잘 알지도 못하는 상태에서 SNS를 통해 공격하는 모습을 보이기도 했습니다.

전면 등교 이후 늘어나는 경향을 보이는 학교폭력과 사회성의 관계는 우리가 반드시 관심 있게 돌보고 살펴야 하는 영역입니다.

연애도 사교육이 필요한 시대

"연애는 어떻게 하나요? 연애 강좌에 등록했어요!"

대학생 A는 올해 대학에 입학했습니다. 비대면수업과 대면수업이 반반인 한 학기를 보냈는데, 생각보다 대면수업이 낯설고 힘들었습니다. 특히 대면수업에서 호감을 주는 대상을 만났는데 다가설 수 없었다고 합니다. 그래서 학기 초부터 아르바이트로 번 돈을 모아서 비싼 연애 강좌에 등록했습니다.

연애를 어떻게 해야 할지를 몰라서, 사귀자고 했다가 거절당할까 두려워서, 지난 2년간 누군가와 친하게 지내본 적이 없어서라는 게 그 이유입니다.

코로나를 거치면서 크게 흥한 사업이 친구 대여 사업, 친구 사귀기 강좌, 연애 강좌 같은 대인관계 아이템이라고 합니다. 일본과 미국 등지에서 더 활발히 시작된 사업들입니다. 영국의 경제학자 노리나 허츠Noreena Hertz는 코로나가 '외로움 경제'라는 분야를 크게 활성화시켰다고 말합니다.[15]

우리나라에서도 결혼식 하객 대여 사업이 실제로 존재한다고 들었고, 카카오 오픈 채팅, 스마트폰 애플리케이션에도 친구 사귀기 분야가 있다고 합니다. 이제 연애도 사교육의 시대가 열렸나 봅니다.

가정의 혼란

괴물들의 대소동

모두가 집에 있을 때 벌어지는 일들

코로나로 인해 격변이 일어난 장소는 가정입니다. 코로나가 시작되면서 감염 전파를 막기 위해 실시한 사회적 거리두기로 인해 많은 사람들이 가정에서 시간을 보내야 했습니다.

초기에는 즐겁고 행복한 시간을 보내기도 했지만, 점점 시간이 지날수록 가정에서의 경험은 복잡하고 힘들어지기 시작했습니다. 점점 파국으로 치닫는 가정이 늘었습니다.

2020년 여름부터는 가정에서의 경험에 대한 다양한 블랙 유머들이 인터넷에 퍼지기 시작했습니다. 함께 시간을 보내는 데 대한 어려움이 커져서 마침내 서로를 괴물처럼 대하기 시작했다는, 아니 실제로 괴물이 되었다는 이야기도 있습니다.

사회적 거리두기로 인해 관계가 단절되는 것에 대한 두려움과 고립감이 있습니다. 이를 예방하기 위한 캠페인이 넘쳐나는 반면, 가정에서 어떻게 지내야 할 것인가에 대한 담론은 부족했고, 홍보는 거의 이루어지지 않았습니다.

우리는 여전히 가족에 대한 현실감보다는 환상이 더 크다는 사실을 깨닫게 되었습니다. 가정에서 생활에 대한 홍보나 캠페인은 가족끼리 할 수 있는 유희, 놀이를 소개하는 정도에 그쳤습니다.

유아나 학동 전기 아동에 대해서는 적용할 만했을 것입니다. 그러나 청소년기 자녀들에 대한 쓸 만한 자료는 한참이 지난 2020년 겨울이나 2021년 여름부터 나오기 시작했습니다.

청소년은 원심력을 발휘하는, 즉 밖으로만 나가려는 '말' 같은 존재라고도 합니다. 그런데 코로나는 원심력이 아니라 구심력이 작동하게 하여, 본성에 어긋나는 압력을 주었습니다. 그래서 청소년을 집에 '묶어' 놓으려는 부모와 아이들 사이의 갈등은 증폭되었습니다. 코로나 이후 지금까지 가족 분위기가 폭발하는 활화산처럼 변해버린 집들이 한둘이 아닙니다.

그러니까 2020년 초부터 우리는 예기치 않은 실험에 참여하게 되었고 그 실험은 현재 진행 중인 셈입니다. 가족들이 집 안에 더욱 장시간 머물게 되면서, 아빠나 엄마는 하루 종일 무엇을 하는지, 다른 형제는 어떤지, 외동아이라면 본인은 종일 무엇을 하는지, 각자 시간을 보내는지, 함께한다면 무엇을 하는지 각 가정에서 실험이 진행된 것입니다.

부모는 여섯 가지 말밖에 모르는 감시자

아이들이 진료실에 오면 부모와 보내는 시간이 얼마나 힘든지 이야기합니다. 한 아이는 부모와 지내는 것이 너무 힘들다면서, 부모가 자녀에게 하는 말을 섬네일 제목으로 잡으면 '코로나 칩거 동안 집에서 흔히 듣는 한국말 여섯 가지—부모편'이 될 거라고 했습니다. 그러면서 다음 이야기를 듣는 게 하루 일과의 대부분이라고 하더군요.

- 공부해라
- 책 봐라
- 스마트폰 보지 마라
- 밥 먹어라
- 차라리 자라
- 씻어라

농담 반 진담 반처럼 이야기하는 아이들의 마음을 읽어보니 부모의 양육에 명령과 지시 외에는 다른 기술이 없다는 뼈아픈 지적이었습니다. 그래서 혹시 다른 대화는 어떤 것이 있었냐고 물었습니다. 그랬더니 농담처럼 '집에서 어머니에게 듣는 잔소리 응용편'이라며 다음과 같은 대화를 전해주었습니다.

- 공부 더 해라
- 다른 책 봐라

- 스마트폰 하면 죽여버릴지도 모른다

- 밥 더 먹어라

- 빨리 그냥 자라

- 깨끗이 씻어라, 대충 씻지 말고

이 여섯 가지 대화가 주를 이루는 가정이 우리 주변에 흔할 것이라고 생각됩니다. 한마디로 우리는 청소년 자녀가 집으로 돌아와서 장기간 머무를 때 어떤 대화를 해야 할지, 어떤 대화가 이 아이의 미래에 도움이 될지 별로 준비하지 못하고 있다는 뜻입니다.

코로나는 이런 상태에서 서로에 대한 노출이 늘어난 채로 집에 오래 있어야 하는, 부담스럽고 어려운 숙제를 내준 것과 같습니다.

스마트폰을 놓을 줄 모르는 청소년

부모님들은 아이들과는 상당히 다른 입장에서 시퍼런 날이 선 느낌으로 이야기합니다. 우선 폭발적으로 늘어난 스크린 타임 때문에 아이들에게 독설에 찬 잔소리를 퍼붓지 않을 수 없었다고 합니다.

학교를 다닐 때는 일찍 일어나서 움직이던 아이가 원격수업이 진행되니까 한낮에 일어나기 일쑤고, 침대에 껌딱지처럼 붙어서는 손에서 떼어놓으면 죽을 것 같은 기세로 스마트폰을 쥐고 있으니 말입니다.

하루 종일, 화장실 갈 때도, 밥 먹을 때도, 원격수업을 들을 때도 아이들은 마치 중독된 사람처럼 보였습니다. 그러면서 부모와의 대화는 불편해하고 기피하면서 공부와 독서는 내팽개친 것처럼 보였다고 합니다. 생활이 무너지고, 마음도 무너지고, 그러다 보니 목표도 무너진 것 같으니 그런 아이들을 보면 마음이 답답하고 불안해졌을 것입니다.

집에 함께 있어도 같이 있다는 느낌이 별로 들지 않았을 것입니다. 대화를 하자고 해도 별 반응이 없어 답답하기만 했을 것이고요. 하루 빨리 학교가 문을 열어 예전으로 돌아가지 않으면 안 될 것 같죠. '집에서 아이를 내가 관리하기란 불가능하구나' 하는 자괴감에 빠져드는 날이 하루이틀이 아니었을 것입니다.

하지만 학교는 가다 말다 하는 데다, 원격수업 듣는 꼴을 보면 제대로 집중하고 있다고 말하기는 어려워 보입니다. 원격수업에 어려움이 없는 환경까지 만들어주었지만 아이는 딴짓을 더 많이 하는 것 같아 보여 한심하다는 생각마저 듭니다. '이러다가는 아이가 망가지겠구나' 하는 생각 또한 들었다고 합니다.

가정에서 빚어진 혼란과 상처들

가정에서 부모와 아이들이 겪은 혼란과 상처들은 다음과 같습니다.

먼저 아이들은 집에 있는 동안 부모님과의 대화에서 다음의 세 가지로 인해 상처를 받았다고 합니다.

- **이해받지 못하는 상처** : 스마트폰, 친구, 게임, 불안, 우울, 미래, 존재감, 세계관 등에 대해 거의 이해받기 어려웠다고 합니다.

- **존중받지 못하는 상처** : 이해를 받지 못하므로 요청이 있거나 바람이 있을 때마다 존중받지 못했다고 합니다.
- **동일한 결론에 도달하는 상처** : 늘 기승전 공부로 끝나는 대화 패턴으로 인하여 말할 의욕이나 동기가 대화를 할수록 줄어든다고 합니다.

아이들 입장에서는 부모들이 대화는커녕 일방적으로 지시하거나 명령하려고만 든다고 생각하고 있습니다. 그러면서 부모들은 확실히 꼰대라고 합니다. 대화가 아예 안 된다는 절망에 빠질 때가 많다고 합니다. 반면 부모들은 아이와의 대화에서 다음과 같은 아이들의 태도로 인해 상처를 받았다고 합니다.

- **이해할 수 없는 아이들** : 스마트폰, 친구, 게임, 불안, 우울, 미래, 존재감, 세계관 등에 관해 주장하는 바가 전혀 이해가 되지 않고, 왜 그렇게 생각하는지 모르겠다고 합니다.
- **세상을 살아나가기 힘들 것 같은 아이들** : 그런 생각과 태도, 의지로는 세상을 살아나가기 힘들다고 생각해서 존중해 줄 수 없고 근본적으로 바뀌어야 한다고 생각합니다.
- **공부하지 않는 아이들** : 어찌되었든 입시를 성공적으로 치러서 좋은 대학에 입학해야 현실이 개선되는데 이를 도외시하고 이야기하기는 어렵다고 생각합니다.

	청소년 세대	부모 세대
스마트폰	항상 소지	절제
친구	가족만큼 혹은 가족보다 소중	가족 다음
게임	일상의 양식	취미
불안	오늘, 현재에 대한 불안	미래에 대한 불안
우울	우울	우울할 이유 없음
미래	부정적, 비관적	공부와 능력에 따름
존재감	불안정, SNS에 기반	안정적, 실제 관계적
세계관	디스토피아적 세계관	개척적 세계관

코로나 시기 청소년과 부모 세대의 생각 차이들

정신건강의 혼란

지금 청소년들의 상태는 응급

심각한 수준에 달한 아동·청소년의 정신건강

코로나가 아동·청소년의 정신건강에 미치는 영향은 정신외상에 그치지 않고 불안, 우울, 외로움, 자살에 이르기까지 다양합니다.

유니세프에서는 코로나로 인하여 16억 명의 아동이 교육 손실을 크게 입었으며, 다섯 명 중 한 명이 우울감을 느끼거나 현재 하고 있는 일을 제대로 하지 못하는 상태로 발전하고 있다고 경고했습니다.[16]

미국은 2021년 10월 소아과의사들이 학회에서 성명서를 발표했습니다. 미국 소아청소년들의 정신건강은 최악의 상태라고 평가하면서, 연방정부가 나서서 코로나로 인해 악화된 정신건강 및 코로나 후유증으로 인해 악화된 신체건강을 지원하고, 코로나 사망자의 아동·청소년 유가족에 대한 심리 지원, 청소년들의 자해 및 자살 증가에 대한 대처를 위해 긴급 예산을 조성하고 시급히 나서야 한다고 했습니다.

영국국민보건서비스ᴺᴴˢ 또한 2020년 아동·청소년의 정신건강이 2017년에 비해 악화되었다는 보고를 BBC를 통하여 발표했습니다.

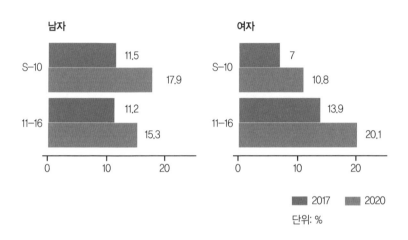

영국 아동·청소년의 정신건강 악화

출처: BBC

소년들은 초등학교 저학년에서, 소녀들은 중학생이 되고부터 더 악화되는 양상을 보인다고 했는데, 이 양상은 다른 나라에서도 비슷하게 나타난다고 합니다.[17]

우리나라도 코로나 시기에 정신질환이 늘어났다는 사실이 2021년 국회 국정감사에서 다양하게 보고되었습니다. 특히 아동·청소년부터 젊은 청년층의 정신건강 악화가 다음과 같이 드러났습니다.

• 20대 여성 자해 및 자살률 증가[18]

- 10대 남성 자살률 증가[19]
- 우울증 유병률 증가[20]
- 어린이·청소년, 2016년에 비해 정신질환 대폭 증가[21]

국회의원실이 조사하고 여러 언론이 보도한 현재 우리의 정신건강 실태는 측정할수록 좋지 않은 상태입니다. 어른에 비해 어린이, 청소년, 청년들의 상태가 훨씬 나쁩니다.

일부 보고에서는 2016년에 비교하면 5배 이상 품행장애가 늘었으며, 우울장애 유병률이 5배 정도 높아지고 있다고 밝혔으니 현재 얼마나 상태가 악화되고 있는지를 여실히 보여준다고 할 수 있습니다.

이 밖에도 코로나 시기에 강박증, 식이장애, 인터넷 게임 사용장애, 온라인 도박 중독, 스마트폰 중독 등이 악화되어 유병률이 증가한 것으로 드러났으며, 이 중 온라인 도박 중독, 인터넷 게임 사용장애는 국제적으로도 심각할 정도입니다. 그래서 많은 정부가 코로나 팬데믹이 장기화되면 정신건강 악화가 가속화될 것을 크게 우려하고 있습니다. 특히 어린이·청소년들의 정신건강이 걱정입니다.

2021년 한국트라우마스트레스학회에서 발표한 청소년들의 정신건강 실태를 보면, 전반적으로 국내 청소년의 우울과 불안이 성인보다는 낮은 편이었지만, 청소년의 17.5퍼센트는 중등도 이상인 불안 위험군이나 우울 위험군 중 한 가지 이상에 해당되는 상태였습니다. 특히 청소년 중 10.2퍼센트는 최근 2주 이내 자해나 극단적 선택을 생각해 본 적이 있다고 나타났습니다.

성별에 따라서 양상이 다르게 나타나기도 합니다. 중간 수준의 우울 위험군은 여성이 14.48퍼센트로 남성 10.36퍼센트보다 높았는데, 심한 수준의 우울 위험군은 남성이 2.14퍼센트로 여성 1.38퍼센트보다 다소 높게 나타났습니다. 또한 국내 청소년의 약 36퍼센트가 스스로 정신건강의학과 치료가 필요하다고 응답하는 등 심리평가와 정신건강 상담 및 프로그램 등에 대한 요구가 높다는 것이 드러났습니다.

같은 자료에서 스트레스와 심리적 어려움에 대처하는 데 도움이 되는 사람인 심리적 지지 제공자에 대한 질문에 가족, 친구, 학교 선생님, 정신건강 전문가, 기타, 없음 순으로 응답했습니다. 중학생은 가족에게서, 고등학생은 친구에게서 더 도움을 받는다고 답했습니다.[22]

자해 및 자살에 대한 대책이 시급하다

수도권의 청소년 자살자 수는 2020년, 2021년에 가장 높은 수치를 보였습니다. 학생들의 자살도 늘었고, 자해도 크게 증가했습니다. 전체 자살자 수가 증가했다는 나라는 그리 많지 않습니다. 하지만 자살자 중 10대와 20대 비율이 늘었다는 보고는 여러 나라에서 동일하게 있었습니다. 우리나라를 포함하여 미국, 영국, 일본 등도 그렇습니다.

청소년과 청년은 스트레스에 더 취약하고, 코로나의 직접적·사회적·경제적 여파에 견딜 만한 여건이 미비해서 영향을 크게 받는다는 보고가 많습니다. 당장 일자리에서 해고율도 높고, 인생의 여러 가지 중요한 계획에서 급작스럽게 변경 사항이 생긴 것도 크게 작용했다고 보입니다.

대부분의 나라에서 여성 자살 시도자가 폭증한다는 것 역시 공통된 특징입니다. 미국질병관리본부의 보고에 따르면, 2020년 미국 12~17세 여학생들의 자살 충동이 2019년과 비교해서 50퍼센트 이상 늘었고, 자살 시도도 다른 해보다 큰 폭으로 늘었다고 합니다.[23] 일본의 여성 자살 통계에서도 30대 이하에서 자살률이 급증했다는 보고가 2021년에 발표되었습니다.[24]

우리나라의 여성 자살 증가율도 계속 높아져서 OECD 국가 중에서는 최고 수치고 전 세계에서 4위입니다. 코로나 시기에는 20대 여성의 자살률이 가장 많이 증가했고 20대, 30대, 10대 순으로 자살 시도에 따른 응급실 방문 횟수도 높았습니다. 이런 정신건강 악화 상태는 우리나라에서도 초유의 사태입니다. 젊은 청년, 청소년들의 극단적 시도들로 응급실이 가득 차 있다고 해도 과언이 아닙니다.

10대부터 30대까지 여성의 자살 시도 증가는 국제적인 현상으로, 특히 코로나 시대에 사회적으로 가장 중요한 현상으로 대두되고 있습니다. 여러 지표 가운데 두드러지게 증가한 이 수치가 과연 무엇을 의미하는지 많은 토론과 조사, 그리고 대책 수립이 필요합니다.

초등학교 고학년 여학생부터 독박육아에 시달리는 30대 여성들까지 이 사회는 무엇을 놓치고 있길래 그들에게 심각한 격차를 안기고 있는 걸까요? 무엇이 그들에게 상처가 되고 있을까요? 많은 연구와 대책이 필요합니다.

남성들의 자해, 자살도 증가했지만 그 폭은 여성에 비해 크지 않았습니다. 하지만 여전히 자살 사망자 수는 남성이 많습니다. 자살 증가율이 높은 것은 여성이지만 사망자 수는 남성이 많다는 뜻입니다.

《한겨레》에서는 이 상황을 '조용한 학살'이라는 기사를 통해 분석하여 세간의 관심을 불러일으키도 했습니다.[25]

코로나 시기에 가장 우려되는 건강 분야는 정신건강입니다. 이 분야에 대한 전면적인 지원책을 정부와 지방자치단체들은 새롭게 제안하고 구성해야 합니다.

미국 소아과의사들이 학회에서 주장한 것처럼 아동·청소년의 정신건강이라는 영역에 코로나라는 폭탄이 터지면서 파편이 튄 분야는 한두 군데가 아닙니다. 코로나의 직·간접적 영향, 그리고 이 시기가 발달 과정 중에 있었다는 관점에서 전면적인 지원을 구성하는 것이 중요합니다.

파격적인 예산 편성을 통해 국민들에게 재난지원금을 지급했듯이 아동·청소년을 위한 심리지원금을 제공해야 합니다. 아동수당, 심리상담 바우처, 혹은 학교나 지역사회를 기반으로 하는 정신건강 지원 체계 구축 같은 형태로 이루어질 수 있을 것입니다.

06

정상성의 혼란
초등 '7학년', 중학 '4학년', 고등 '4학년'

학교는 원래 돌아가며 가는 것?

2020년에 입학한 아이들은 그 경험을 최초의 학교 경험으로 여기며 지금까지 지내왔습니다. 이처럼 코로나 시기를 보낸 학생들에 대하여 특별히 어려움을 호소하는 선생님들이 많습니다. 지금의 중학교 2학년은 초등학교 8학년 같다고 하고, 지금의 고등학교 2학년은 중학교 5학년 같다고 합니다.

대학생 자녀를 둔 부모님들은 군대 가기 전의 아들을 보면서 대학생 같지 않은 아들, 고등학교 4학년, 5학년짜리를 군대로 보내는 것 같아 마음이 힘들다고 합니다. 거의 집에서만 지내고 대학생활도 제대로 못 해본 아이들인데 갑자기 군대라니, 더 걱정스러울 만도 합니다.

신입생에게는 통과의례나 입학 절차가 중요한데, 그 과정을 제대로

겨지 못했다는 데에는 생각보다 큰 어려움이 뒤따릅니다. 중학생, 고등학생, 대학생으로서의 전통을 이해하기도 힘들고, 선배를 만난 경험도 부족하고, 학교 문화를 제대로 경험하지도 못한 채 학교를 다니다 말다 했으니까요.

2020년의 출석 일수는 평상시의 절반 정도인 90일 정도입니다. 2021학번은 조금 낫다고 하는데, 그들 역시 코로나 이전의 학교 경험은 없으므로 지금처럼 학교를 다니는 것이 '정상'인 것입니다.

왜 갑자기 '매일 등교'라는 비정상적인 주장을 하는가

많은 아이들은 "왜 매일 나와야 하죠?" "왜 일찍 나와야 하죠?"라고 묻기도 하고, "학교 나오면 어색하다" "학교는 너무 시끄럽다" "등교할 때 만원버스·지하철 너무 싫다" "학교 나오면 재미없고 시간이 아깝다" "이 정도를 하려고 굳이 나올 필요가 있을까 모르겠다"라고 말합니다.

앞으로 전개될 '매일 등교'는 아이들에게는 새로운 '비정상'이고, 과거의 사람들에게는 매우 정상적인 학교생활입니다. 이를 두고 상당한 갈등이 있을 것으로 보입니다.

그동안 진료실에서 만난 저항하는 아이들의 주장은 크게 세 가지로 정리할 수 있습니다.

첫째, 관성의 법칙으로 인해 어렵다고 합니다. 이미 학교라는 공간에 적합하게 몸이 프로그래밍 되었습니다. 그 법칙은 한 주는 등교하고 한 주는 쉬는 로테이션입니다. 갑자기 매일 나오라고 하면 프로그램을 바

뛰어야 하는데, 이것이 쉽지 않다고 합니다.

2020, 2021학번은 학교를 매일 자신의 몸을 사용하여 다녀본 경험이 없는 세대입니다. 2021년 11월 중순까지 한 주는 등교하고 한 주는 원격수업을 하는 방식이 정상이었고, 혹시 열이라도 나면 2~3일 푹 쉬고, 기침하면 민폐라 학교를 안 가는 식이었습니다. 그런데 갑자기 매일 등교하자니 적응이 상당히 어려울 수 있습니다.

사람은 경험의 동물인데, 경험하지 않은 것은 상상하기도 어렵습니다. 어떤 아이들은 매일 등교가 비정상이고, 일주일씩 순환하는 등교가 정상이라고 주장하고 있습니다. 이것은 엉뚱한 아집이 아니라 실제로 몸의 주기와 생리적 상태가 따라가기 어렵다는 뜻입니다.

둘째, 불편하고 힘들고 어색하고 괴롭다고 합니다. 스트레스가 높고 적응이 어렵다고 합니다. 학교에 오래 다니지 않고, 가도 오래 머무르지 않고, 단기간 다녔다 쉬었다 하다 보니 견딜 만했던 겁니다. 그런데 이제 학교를 매일 가자니 통학, 소음, 대인관계 등 여러 스트레스를 감당하기가 어렵습니다. 그런 스트레스를 장시간 경험해 보지 않아서 자신감도 없고 정서적으로도 거부감이 드는 것입니다.

아마 이 책을 읽는 어른들은 '이게 무슨 소린가' 할 수도 있습니다. 하지만 병원을 다니는 아이들이 아니어도 이런 이야기는 주변에서 간혹 들립니다.

2년여를 집에서 지내고 학교에서도 대화를 자제하다가, 학교에 자주 나가게 되었습니다. 그러다 보니 친구들이 떠들고 장난치고 까부는 것이 불편하게 느껴진다는 아이도 있습니다. 사회라는 환경에서 지낸 시간이 압도적으로 적었던 아이들이 초기에 보이는 부적응 현상입니다.

군대에서 전역하고 사회에 적응할 때, 장기간 해외에 있다 귀국했을 때, 수도원이나 기도원에 오래 머물다 사회에 나왔을 때 겪는 현상과 비슷합니다. 정신의학에서는 이를 '시설 증후군'이라고 부르기도 하는데, 정신과 병동에 오래 지내던 분들이 사회에 나오면 힘들고 불편을 겪는 것을 말합니다.

병동에 있으면 환경의 자극이 적어서 조용하고 수동적으로 있어도 괜찮습니다. 밥도 다 주고 편안히 있을 수 있지요. 그러나 사회에 나오면 여러 자극이 불규칙적으로 쏟아지고 자신이 능동적으로 알아서 해야 하는 초기의 불편을 겪어야 합니다. 이런 과정에서 혼란이 오는 것입니다.

익숙한 친구들이라도 많으면 빨리 적응할 텐데, 그런 친구들마저 없으면 적응은 더 느려지게 마련입니다. 학교에 있기 싫어지고 갖은 핑계를 대서 집에 오고 싶어지고 학교에 가서 앉아 있기도 싫어집니다.

셋째, 일부 아이들은 학교의 목적이 충분히 달성되어 이제 가끔 가도 괜찮은 곳이 되었다고 합니다. 친구 만나러, 선생님 보러 가끔 가는 곳이지 매일 가서 뭔가 배우고 종일 있어야 할 만큼 의미 있는 곳은 아니라는 것입니다. 시간이 아깝고 무의미하다고 합니다. 그 시간에 차라리 알바를 하거나 하고 싶은 것을 하거나, 그도 아니면 잠을 자는 것이 낫다고 합니다.

듣기 싫은 잔소리, 엄격한 규칙에 재미없는 수업을 들으면서 불편하고 딱딱한 의자에 앉아 시간을 허비하기 싫다고 합니다. 딱 그 정도 나가는 것이 좋다고 합니다. 한 달의 2주 정도 말입니다. 그게 체력 안배와 시간 활용, 그리고 생활관리 면에서 두루 좋다면서요. 그나마 2주도 길고 더 적게 가고 싶다는 아이도 있습니다.

'학교 다니기 싫다'는 정상적인 마음 읽기

많은 아이들이 지금 학교 가기 싫다고 말합니다. 그렇다고 이를 고스란히 '학교는 전부 싫다'라고 들으시는 것은 아니겠지요? 그 말은 갑작스런 생활 변화에 대한 불편과 두려움, 걱정이 담긴 표현이라고 생각하면 됩니다.

힘든 일, 어려운 일을 피하고 싶어 하는 마음은 자연스럽습니다. 한 달의 절반만 일하던 사람을 한 달 내내 일하라고 했을 때 어떤 반응을 보일까요? 그렇게 생각해 보면 아이들의 마음을 충분히 이해할 수 있습니다. 이럴 땐 각각의 이유로 어렵다는 아이들에게 도움을 주는 것이 더 중요합니다.

경험 많은 교사나 상담가들은 새롭게 학교에 적응해야 하는 아이들에게 쏟아야 하는 에너지 수준이 새학기를 맞을 때의 수준이라고 이야기합니다. 2021년 11월에 개최된 '회복적 정의 주간' 강의에서 국제 회복적 실천 협회RPI 마거릿 소스본Margaret Thorsborne 소장은 지금 만나는 아이들과의 관계 맺기 수준은 새 학기 새 만남의 관계 맺기 수준의 강도여야 한다고 힘주어 말했습니다.

그럼 하나하나의 경우에 따라 의견을 제시해 보겠습니다.

첫째, 관성의 법칙, 즉 생활 문제로 등교가 어렵다는 아이는 생활력 문제가 가장 큰 이슈입니다. 요즘 유행하는 루틴 프로그램, 생활력 지원 동기 강화 프로그램을 개별 혹은 소집단 프로그램으로 실행하면 큰 도움이 될 수 있습니다.

다행히 여러 애플리케이션이 개발되어 동기 유발을 하기가 쉽고, 적당한 보상을 통해 예전보다는 더 재미있게 조직할 수 있습니다. 팀워크를 활용하여 모둠이나 그룹을 만들어서 말입니다.

둘째, 적응의 법칙, 즉 사회성의 문제로 등교가 두렵다는 친구가 있습니다. 이들에게는 스트레스를 낮춰주고, 친숙함을 높이는 배려가 필요합니다. 학교에서 매일 등교 적응 프로그램이나 환대 프로그램, 친구 사귀기 프로그램을 하면 도움이 될 것입니다. 미국의 많은 학교에서 진행한다고 알려진 학교 등교 환영 프로그램Back to School Program이 이런 친구들에게 큰 도움이 됩니다.

셋째, 의미의 법칙, 즉 학교 교육의 의미에 의문을 갖고 있는 친구가 있습니다. 이들과는 교사가 진로, 미래에 현재의 학교가 어떻게 도움이 될 수 있을지 깊이 대화할 필요가 있습니다. 사실 그렇게 간단한 대화는 아닐 것입니다. 코로나가 건드린 가장 큰 부분이 이것이 아닌가 하는 생각이 듭니다. 물론 이전에도 공교육 무용론은 공교육 비판의 일부였습니다. 그러나 그것이 교육 무용론은 아니었습니다.

'교육의 목적은 과연 무엇인가?' 우리는 이를 다시 상기할 필요가 있고, 많은 자기 점검이 필요합니다. 졸업장으로 필요하든 생활기록부로 필요하든 친구를 만나는 장소로 필요하든 아이가 공교육을 필요로 하는 바를 기초로 삼아야 합니다. 이로써 아이와 교육의 목적과 의미를 확장하는 노력을 하며 관계 맺기를 시도해야 합니다.

07

관계단절이라는 혼란
오로지 수업만 남은 학교

청소년에게 남은 일이란 공부뿐?

코로나와 함께 청소년은 학교와 단절되면서, 관계도 단절되었습니다. 여기에 청소년들의 활동 또한 단절되었습니다. 집에 있다가 학교에 간혹 혹은 로테이션으로 갔다 오면 남는 것은 학원 혹은 과외뿐이었습니다. 많은 활동이 금지 혹은 연기되었습니다.

이 단절들은 우리에게 생존하기 위한 최소한의 활동이 무엇인가 생각할 기회를 주었습니다. 학교라는 기관, 지역사회라는 삶의 뜰 안에서 우리가 할 일은 무엇인가 하는 암묵적 합의를 환기하게 해주었지요. 그 점에서도 정부, 부모님들, 청소년들의 입장에는 차이가 있었던 것 같습니다.

학교가 생각한 생존을 위한 합의는 '공부'였습니다. 그런데 학교에 가서 공부하는 청소년들은 일부였고, 대다수가 공부보다는 다른 활동, 즉 친구와의 만남, 동아리 활동 등에 관심이 있었습니다. 그러니 공부만 하라는 학교가 무의미하게 느껴졌을 것입니다.

물론 그렇게라도 친구를 만난다는 데에 큰 가치가 있었습니다. 학교는 가르침과 배움의 공간이지만, 그 가르침과 배움은 단지 수업 속개, 유지, 그리고 시험에만 있는 게 아닐 것입니다. 공부를 중심에 놓은 최소한의 학교 활동으로 인해 학교가 아동·청소년들에게 주던 다른 기능은 사라졌습니다.

학교가 갖고 있던 보이지 않는 무수한 교육과정을 포함하여 여러 리추얼은 사라지고, 아주 전통적이고 낡은 형태의 수업, 즉 어른들의 강박 속에서 꼭 배워야한다는 것만 일방적으로 전달되었다고 봐도 과언이 아닙니다.

학생회도 운영되지 않았습니다. 그런 점에서 학교 학생회는 아무 권한 없이 무늬만 존재하는, 있으나 마나 한 장식에 불과했다는 점이 분명해졌습니다. 물론 이런 상황에서도 꾸준히 학생회를 이어간 학교도 있습니다.

학교에서 수많은 학생의 활동들이 사라졌습니다. 방송국 활동, 축제, 수학여행, 발표회 등 저마다 소중한 가치를 가지고 있던 일들이 사라진 채로 2년을 넘어 3년차로 이어지고 있습니다. 그 과정에서 아이들은 숨결처럼 내려오던 '어떤 것'을 잃었습니다. 학교를 다니면서 회자되고, 익히게 되는 고유한 문화들을 배우지 못했습니다. 학교는 그냥 수업하는 장소가 되어버리고 '어떤 것'은 찾을 수 없는 곳이 되었습니다.

학교에 아무 추억이 없다는 아이들이 많습니다. 아이들에게 학교란

별 사건도 없이 스치듯이 갔다 와야 하는 곳, 무의미한 곳, 자신과 관련된 특별한 제례가 없는 곳이 되었습니다.

학교에 대한 추억을 가진 사람들, 각종 행사 경험을 가진 사람들은 학교의 곳곳과 교실 그리고 여러 공간을 다르게 인식하게 됩니다. '고1 때의 운동회, 고2 때의 운동회, 고3 때 멀리서 바라본 운동회'라는 반복된 기억을 갖고 있는 사람들은 학교를 다르게 기억할 것입니다. 운동장을 바라보면서 운동회의 리추얼과 경험에 기반한 감각적 기억을 갖고 있을 것입니다. 입가에 미소가 흐를 수도 있지요.

하지만 코로나 시대의 아이들은 학교 운동장을 교실에 도착하는 데 방해가 되는 불필요한 공간으로 기억하기도 합니다. 운동장을 제대로 이용해 본 적이 없기 때문이지요. 강당도 마찬가지입니다.

철학자 한병철은 리추얼을 잃은 것은 집을 잃은 것과 같다고 말했습니다. 또한 리추얼을 잃으면 놀이와 공동체를 잃는 것과 같다고도 말했습니다. 코로나 시기 아이들은 집도 잃고, 리추얼도 잃고, 공동체도 잃었다고 봐야 합니다.[26]

공동체 경험이 없는 아이들

학생회 활동, 축제 및 발표회, 수학여행 등을 경험하지 못한 영향은 어떻게 남을까요?

아이들은 '리추얼'이라는 공동 유산을 자신의 기억으로 남기지 못했다는, 즉 공동체 문화의 경험자, 상속자, 전파자가 되지 못했다는 불행을 겪었습니다. 또한 공동체의 일원이 되어보는 강력한 소속감을 느껴보지 못했습니다. 극단적으로 말하면 공동체에 가입은 되었으나 소속감은 희미한 상태인 것입니다. 공동체를 모르는 것이지요. 이렇게 애매한 소속감과 정체성으로 인한 고통을 호소하는 청소년들도 많습니다.

일부 선생님들은 감염을 막는 데만 열중한 나머지 집단의 공존을 위한 소속감 체험과 발현, 유지와 발전까지는 생각하지 못했다는 고백을 하기도 합니다. 공동체 경험이 없는 아이들이 학교로 돌아왔을 때, 무너진 리추얼을 다시 세우기란 정말 어려운 일입니다. 이것은 모두 처음 만나서 완전히 새로운 일을 시작하는 것과 같습니다. 극도의 피로감을 느끼게 되지요.

공동체 활동의 공유 경험과 리추얼의 기억은 소속감과 정체성, 그리고 더 나아가 한 사회의 자격증과 같은 역할을 합니다. 그 경험과 기억이 있다는 것만으로 방어막이 해제되고 순식간에 형제의 일원이 되거나 크레디트가 발행되기도 합니다.

아이들은 이런 것들이 모두 중지되어, 공유할 것이 없고 추억할 것이 없는, 말하자면 집이 없는 상태가 되어 곧 학교를 떠나야 하는 상황이 되었습니다.

단절되지 말았어야 할 일들

유니세프를 비롯해 아동권리를 주장하는 시민단체들은 줄곧 코로나 대책과 서비스가 아동·청소년을 제외한 성인 중심, 행정 중심, 학교 중심이라며 비판했습니다. 그리고 아동·청소년의 인권이 고려되지 않았던 많은 일들에 대해서도 문제 삼았습니다.

코로나 시기에도 학생회를 비롯한 공동체 활동이 가능한 한 다양한 방식과 창조적인 형태로, 디지털 기술을 활용해서라도 유지되고, 거론되고, 시기에 맞춰 변형되어서라도 연속되어야 했습니다. 그런데 이런 일들이 여러 이유로 금지되거나 중단되고, 차마 기획할 수 없었던 경우가 많았습니다.

학생회 활동, 학생 공동체 활동, 그리고 지역사회와 함께하는 교류 활동은 단절되지 말았어야 할 대표적인 활동입니다. 축소, 변형이라면 달랐을 것입니다. 하지만 이런 활동이 중단되자 청소년들의 특별한 발달 과정의 한 부분이 공백으로 남았습니다. 이 여파는 일종의 자격 혹은 자격증을 갖지 못하게 되는 결과로 이어질 것입니다.

수업 이외에 다양한 활동은 공동체 활동 경험, 리추얼의 계승과 연장이라는 의미 외에도 학생들의 자기발견에 크게 영향을 미친다는 사실도 잊어서는 안 됩니다.

자신의 끼, 재능 그리고 미래를 발견하는 길은 여러 갈래입니다. 청소년 시기의 활동들은 수업만큼이나, 혹은 수업 이상으로 학생들에게 기회가 됩니다. 자신을 발견하고 진로의 등불이 되어주며 자신의 삶을 발견하게 해주는 기회 말입니다. 더불어 우정을 쌓고 키워 평생 함께할 친구를 만날 수 있는 기회이기도 합니다.

결국 학교에서의 여러 리추얼 상실은 공동의 제례나 의식을 사라지게 했고, 그로 인해 개인이 집단 소속감을 가질 기회가 사라졌습니다. 공동의 경험과 기억이 부재하고, 관계의 공간이 텅 비어버렸으므로 학교라는 공간은 이제 잠시 머무르기도 부담스런 낯선 장소가 될 수도 있습니다.

공동의 경험과 기억이 부재하면 소통이 불편해지고 관계가 악화됩니다. 운동장을 단지 동선이 길어지게 만드는 불편하고 헛된 공간으로 인식하는 아이는 그 큰 운동장을 가로질러 학교 건물에 들어갈 때 화부터 날 것입니다. 화난 기분으로 교실에 들어와 앉아 추억도 없는 빈 게시판을 보면서 소속감 느껴지지 않는, 친한 아이 몇 명을 빼고는 모두 불편하기만 한 교실에서 빨리 벗어나기만을 바랄 것입니다. 리추얼이 사라지면 결국 연결이 끊기게 됩니다.

아이들이 가장 아쉬워한 활동

코로나 시기 학교는 문을 열기 급급했습니다. 그것만도 벅찼을지 모릅니다. 아이들은 학교에 가서 이런저런 활동을 하고 집으로 돌아왔습니다. 하지만 이전에 있었던 여러 활동들이 사라졌습니다.

학생들은 코로나로 인하여 사라진 많은 활동을 아쉬워했습니다. 그중 무엇을 가장 아쉬워했을까요? 저의 진료실에 방문했던 청소년 100여 명에게 물었습니다. "다음 중 개최되거나 실시하지 않아 가장 아쉬운 활동을 두 개 이상 체크하고, 그 이유도 설명해 주세요."

물론 이것은 과학적인 설문이나 체계적인 조사가 아니라서 학술적인 의미가 있다거나 특정 집단을 대표한다고 볼 수는 없습니다. 다만 저나 혹은 우리나라 어른들의 예상과는 달라서, 이 시대 특정 그룹 아이들의 생각과 느낌을 엿볼 수 있다는 생각에 소개합니다.

이 시대의 어른들과는 정말 다른 아이들이 가장 많이 아쉬워한 행사나 활동 1위는 무엇이었을까요? 그리고 그렇게 답한 이유는 무엇이었을까요?

① 입학식 및 졸업식

② 수학여행

③ 체육대회

④ 발표회·축제

⑤ 다양한 창의체험 활동

⑥ 생일파티 등 아이들과 함께하는 파티

답은 ①번 입학식 및 졸업식이었습니다.

학생들의 설명을 종합해 보니 크게 세 가지 이유였습니다.

첫째, 입학식 및 졸업식이 아쉬웠다고 답한 이유는 대부분 돈이었습니다. 유일하게 돈이 생기는 행사였다는 것입니다. 그런데 이 행사를 건너뛰니 목돈이 들어오지 않았다는 것이지요.

둘째, 모두가 관심받고 축하받으며 존중받는 자리가 입학식, 졸업식이라고 했습니다. 나머지 행사는 관심받기를 좋아하는 아이들만의 무대라면서 말입니다.

셋째, 입학식 및 졸업식 때는 그래도 가족들이 모여서 함께 식사라도 하는 드문 시간이라고 했습니다.

"얼굴은 가장 인간적인 장소다. 인간은 단순히 짐승의 주둥이나 사물의 앞면이 아닌 얼굴을 갖는다. 얼굴은 가장 개방성이 있는 장소다. 얼굴을 통해 자신을 드러내고 의사소통을 나눈다. 이것이 얼굴이 정치적 장소인 이유다."

— 조르조 아감벤, 『얼굴 없는 인간』[0]

코로나가 남긴 심리·사회적 상처들

3장에서는 코로나가 개인을 넘어서 집단적 상처를 준 이슈들을 다룹니다. 국제적으로 논의되고 있는 코로나 집단외상, 코로나 피로를 다루었습니다. 개인적으로 아주 중요한 과제라고 생각되는 코로나 가족 갈등도 다루었습니다. 세대의 문제, 가족의 문제, 공공 의사소통의 문제가 이 안에 담겨 있다고 생각합니다.

현재 국제적으로 가장 큰 이슈가 되는 두 가지는 스크린 중독과 롱코비드일 것입니다. 이 두 주제는 단기적으로 우리의 미래와 깊은 관련이 있습니다. 중장기적으로 영향을 미칠, 코로나 시기에 적나라하게 노출된 사회적 격차, 불평등의 문제도 짧게나마 다루어보았습니다.

집단외상
정체성을 뒤흔들다

이런 지구에서 인생에 무슨 의미가 있는가

한 선생님 말씀으로는 코로나가 시작된 이후로 "인생에 무슨 의미가 있어요?"라고 묻는 아이들이 늘었다고 합니다. 이는 트라우마의 시대에 흔히 있는 일입니다. 트라우마를 겪는 아이들은 지금 겪고 있는 일의 의미를 재정의하게 마련이라 의미를 묻는 질문을 할 수밖에 없습니다.

지금 우리는 아주 특별한 경험을 하고 있는 중입니다. 매일 뉴스에 특정한 감염병에 걸린 사람의 숫자가 발표되고, 몇 명까지 모일 수 있는지 정부가 정해서 발표하고, 백신을 맞아야 한다는 캠페인을 듣고, 마스크를 쓰지 않으면 집 밖을 나설 수 없습니다. 이전에는 없었던 비상 상황을 2년 이상 겪어왔습니다.

'트라우마'라는 용어를 굳이 쓰지는 않지만 트라우마가 될 만한 일들을 겪고 있으며, 간혹 자유를 구속당하기도 하고, 특정 기간 동안 보고 싶은 사람들을 볼 수도 없었습니다.

한 청소년의 이야기를 들어보겠습니다. '인생에 무슨 의미가 있는지' 를 물었던 아이입니다.

이 시간들이 어떻게 기억에 남을지 모르겠어요. 아마 나중에 기억하면 아주 이상하고 힘든 기억으로 남을 수도 있고, 아닐 수도 있고요. 일단 할 수 없는 일이 많았던 시기이고 이 시기에 아주 슬픈 일을 겪은 아이들도 있었어요. 할아버지, 할머니가 감염되어 돌아가셨다는 아이들 중에는 임종도 지키지 못하고, 문상도 못 갔다는 아이도 있어요. 어떤 아이들은 부모님이 장사를 할 수 없어 집이 망해서 이사를 가야 한다고 했어요.

무엇보다 학교를 가다 말다 하는 큰 변화와 함께 한산한 거리를 바라보며 지구가 망하는 건가 하는 생각, 인류가 지구를 파괴해서 이런 일이 벌어졌다는데 우리는 별로 달라지지 않는다는 생각, 지구를 더욱 파괴하는 배달음식은 더 많이 시켜 먹는 이중성…….

그 와중에 '공부 열심히 하라'는 어른들의 잔소리는 그대로죠. 모든 게 귀찮아지는데 도대체 이렇게 사는 것이 무슨 의미가 있는지 막연한 불안, 막연한 걱정……. 그런데 지금 벌어지는 일에 대해 자세히 설명해 주는 사람은 아무도 없고, 무엇을 해야 하는지 제안해 주는 사람도 없는데, 게임을 하거나 넷플릭스 정주행을 하면 시간은 잘 가요.

지구가 곧 파괴되어 오래 살지도 못한다는데 뭘 열심히 하고 뭘 죽도록 한다는 게 무슨 의미가 있는지, 부모님들은 공부에 왜 저렇게 난린지 이해가 안 돼요.

별로 행복한 것도 없고, 짜증나는 일은 많고, 친구들과 놀고는 싶은데 여건은 안 돼요. 뭘 해야 할지 모르겠고, 아무것도 뜻대로 될 것 같지 않고, 하고 싶은 것은 별로 없고, 계획을 세우는 것 자체가 코로나 시대에 의미가 있을까 하는 생각…….

이 아이에게 가장 중요했던 것은 이 시기에 무엇을 해야 한다고 설명해 주는 사람이었는데 아무도 없었습니다. 지금 우리는 가르침이나 제안도 없는 시대 속에 사는지도 모르겠습니다.

불확실한 상황으로 인해 쌓여만 가는 집단외상

코로나 사태는 지난 2년 동안 많은 어린이와 청소년에게 집단외상 mass trauma을 불러일으키기에 충분했다고 볼 수 있습니다.

집단외상이라고 해서 아이들의 생각이 바뀌는 양상이 모두 극단적인 과정을 보이지는 않습니다. 집단적인 경험을 통해 인생을 바라보는 방식, 사건을 바라보는 관점, 사물을 대하는 태도가 바뀌면 집단외상을 경험했다고 할 수 있습니다.

코로나를 겪으며 삶이 무상해지고 집착할 것이 없어졌다고 하는 아이들이 늘었습니다. 코로나로 인해 생활방식이 무너지고, 예전과 같은 방식으로 살기 싫어졌다고 합니다.

오랜 시간 뉴스에서 보도하는 확진자 수는 줄지 않았고, 사망자 수는 늘고, 변이는 계속 발생했고, 백신은 충분히 희망을 주지 못했습니다. 어른들은 과학을 빙자해서 반복적인 거짓말을 한 셈이 되었습니다. 지금 어른들에게는 아이들이 이해하기 어려운 과학적인 불확실성을 해소해 주고, 얼마간은 유연한 모호함을 발휘할 것이 요구됩니다.

한편 언제든지 감염될 수 있다는 간접적 공포가 전달되었습니다. 비록 어린이·청소년의 사망률은 높지 않았으나 죽음에 대한 트라우마와 단절되었다고 보기도 어려운 상태입니다.

우리는 반복되는 변이 출현 앞에서 매우 무기력합니다. 어린이와 청소년들도 그런 상태에 함께 노출되었지만 어떻게 대처해야 하는지 적극적으로 제안받지는 못했습니다. 그러면서도 일상을 유지하고 평상시처럼 공부를 열심히 하라는 주문을 반복적으로 받기만 했습니다. 이 과정에서 필요한 도움을 받은 아이들은 그리 많지 않은 것 같습니다.

조용히 이런 일들을 겪으면서 가랑비에 젖듯이 무기력에 빠져 들어간 수많은 어린이·청소년이 있습니다. 전 세계에 있습니다.

코로나 집단외상의 증상과 징후들

코로나 바이러스에 직접 감염되지는 않았지만 코로나 집단외상에 감염된 어린이와 청소년들은 무기력 외에 다른 증상들을 보이고 있습니다. 집단외상에 젖어 지내면 여러 증상과 징후들을 보인다는 보고가 곳곳에서 나오고 있습니다. 그중 대표적인 사례를 이야기해 보겠습니다.[1]

- **두려움** : 모두 코로나 초기에 두려움을 함께 겪었고, 지금도 변이에 대한 소식이나 백신, 치료에 대한 암울한 소식이 들릴 때마다 두려움을 갖습니다.

- **감정 조절이 어려움** : 나라마다 다르지만 방역, 치료, 백신 등에 대한 시스템에 시민들은 불만을 갖습니다. 뉴스에 분노하고 이해가 안 되는 처사에는 흥분하거나 냉소합니다.

- **수치심이나 굴욕감 증가** : 화성에 우주선을 보내고 온갖 난치성 질환을 치료하는 능력을 가진 인류도 코로나 바이러스를 정복하지 못하고 있습니다. 시스템과 과학적 대처 부족으로 이렇게 많은 사람들이 죽고 아프고 다친다는 것이 이해되지 않으며 답답하고 한심합니다.

- **정체성 위기** : 심리적으로 안정되기가 어렵고 미래를 어떻게 살아가야 할지 알 수 없으며, 특히 청소년이나 청년은 더욱 불안하고 두렵습니다. 어떻게 인생 계획을 짜야 할지도 모르겠습니다.

- **취약성 증가** : 불안, 우울, 스트레스 증가로 인해 짜증이 자주 나고 때로는 잠을 자기도 힘들고 식욕이 떨어지기도 합니다. 불규칙한 생활을 하기도 하고 평소보다 훨씬 더 불안정성이 높아집니다.

- **새로운 위협에 대한 경계심 증가** : 새로운 계획, 새로운 사람, 새로운 사건에 대한 수용이 낮아지고 여유가 없으며 신뢰가 낮고 부담이 높아집니다. 뭐든 새롭게 시작하기 힘들며 무엇보다 신뢰하기가 어렵습니다.

인생은 짧다

코로나 집단외상을 겪으며 세상에 대한 생각이 바뀌었다는 청소년의 입에서 "인생이 짧다"라는 말이 나왔습니다.

첫째, 지금과 같은 문명이 앞으로 30~40년 남았으니 인생이 짧고, 둘째, 사고도 자주 생기고 툭하면 참사에 5년 주기로 감염병도 생겨서, 어떻게 죽을지 알 수 없으니 인생이 짧고, 셋째, 늙어서까지 폼 나게 살 자신이 없으니 젊어서 한껏 짧게 살다 죽는 것이 나을 것 같아서 인생이 짧다는 이야기였습니다.

이 청소년은 짧기에 허무하고 공허해서 젊을 때 하고 싶은 일을 실컷 해보고 싶습니다. 문제는 젊었을 때 그럴 형편이 안 돼서 너무 괴롭다는 것이었습니다.

바로 그 지점에서 부모 차이, 신분 차이, 능력 차이가 느껴지면서 살맛이 나지 않고 세상이 공평하지 않아 화가 난다고 합니다. 하지만 화가 난다고 뭘 어떻게 할 수 있는 게 아니니 우울하고, 화가 날수록 초라하고 무기력해져서 공허해진다고 합니다.

그래서 코로나 시대에 BTS를 보기 위해 감염의 위험을 감수하고 가진 돈을 탈탈 털어 LA 콘서트에 간 친구들을 이해할 수 있다고 합니다. 생각보다 인생은 허망하고 이룰 것이 없기에 현재가 중요하고 지금 즐길 것을 즐기라고 주변에 권하기도 합니다. 그러나 정작 본인은 그럴 여건이 안 되어서 안타깝다고 합니다. 그래서 무기력해진다고 합니다.

코로나 집단외상

전 세계인이 함께 겪고 있는 코로나 팬데믹은 21세기 인류의 공통된 집단외상mass trauma, collective trauma이라고 할 수 있습니다. 집단외상은 전체 사회의 구성원 혹은 상당수 구성원이 중요한 사건이나 재해를 함께 겪거나 혹은 공유하면서, 그 일로 인하여 겪는 증상이나 징후, 특정한 현상을 말합니다. 이는 단순히 현재에 그치는 것이 아니라 나중에라도 어떤 위협이나 부적응을 겪을 가능성을 갖게 되는 상태를 말합니다.[2] 이스라엘의 질라드 허시버거Gilad Hirschberger가 다시 한 번 정의하면서 유명해진 개념입니다.

우리에게 잘 알려진 집단외상은 중세의 페스트, 1차 세계대전, 2차 세계대전, 미국에서 일어난 9·11테러, 우리나라에서 일어난 4·16세월호 참사, 그리고 일본에서 일어난 후쿠시마 해일, 고베 대지진 같은 자연 재해 등이 있습니다. 직접 그 일을 겪지 않더라도 참사 장면을 생생하게 중계한 방송을 보면서도 깊은 심리·정신적 충격을 받아 집단외상이 생길 수도 있다고 합니다.

현대 사회의 이동성이 확장된 탓에 코로나는 그 어떤 전염병보다 감염 지역이 넓고 감염 인구도 많습니다. 또한 현대 사회의 의료와 과학 수준에 비하면 너무 많은 감염자와 사망자가 나왔다는 점이 충격적입니다. 우리가 매일 감염자와 사망자 수 및 상태를 속속들이 알 수 있기 때문에 지속적인 집단외상이 되고 있습니다.

나에게 코로나는 무엇이었나?

나에게 코로나란?[3]

- 초등학교 1학년 : 무섭고 해롭고 없애고 싶은 존재

- 중학교 1학년 : 감옥

- 고등학교 1학년 : 행복을 막는 존재

- 대학교 1학년 : 교통사고

중·고등학교 통합 대안학교 아이들의 주관식 설문조사 중 '나에게 코로나란?'

(코로나 경험 설문조사, 성장학교 별, 2020년)

- 지옥 : 지옥을 경험했다.

- 공포 : 감염부터 백신까지 모두가 공포였다.

- 영화 : 영화 같다.

- 고요 : 너무 조용한 거리가 두려웠다.

- 걱정 : 코로나는 연일 새로운 걱정거리를 만들었고, 지금도 만들고 있다.

- 금지 : 코로나는 모든 것을 금지했다.

- 예측 불가 : 뭘 해야 할지 모르겠다.

- 후회 : 코로나는 가족의 소중함과 일상의 중요성을 알게 해주었다. 이제
  후회 없이 잘 하고 싶다.
- 청결 : 인간이 나돌아 다니지 않으니 지구가 깨끗해졌다.

코로나 1년 반, 나에게 코로나는 무엇을 가져다주었나?

(코로나 경험 설문조사, 성장학교 별, 2021년)

- 멍하고 무기력해졌다.
- 만사가 귀찮아졌다.
- 지금이 딱 좋다. 학교를 한 주씩 번갈아가며 가는 정도면 다닐 만하다.
- 살이 너무 쪄서 나가기가 싫어졌다.
- 여행 가고 싶다.
- 백신을 맞아도 계속 감염이 줄어들지 않을 땐 어떻게 한다는 것인지······.
- 빨리 코로나 끝났으면 좋겠다.
- 또 다른 변이가 나올 것 같다.
- 가족이 싫다.
- 지구를 위하여 한다는 것은 언제 합니까?

코로나 피로 증후군
나태가 아니라 피로다

코끼리를 등에 업고 중심 잡기

2020년 1월에 시작된 비상경보가 2년 반 동안 매일 울리고 있습니다. 이 비상체제가 풀릴 것이라는 소식이 간간히 들렸지만 몇 번씩이나 미루어졌습니다. 변화와 발달 속도가 빠른 어린이와 청소년에게는 평상시에 받는 정상적 발달 스트레스에 이런 체제로 인한 스트레스가 배가됩니다. 결국 평소보다 훨씬 큰 스트레스를 안고 살아야 하는 부담을 갖고 지내고 있습니다.

스트레스에 잘 적응하며 지내는 청소년들도 코끼리 한 마리처럼 무거운 '코로나 과부하'가 오면 중심과 균형을 잡기가 어려워집니다. 정상 발달의 스트레스, 청소년기 스트레스에 더해 코로나 과부하 스트레스가 추가되었을 때, 이를 가까스로 견뎌내는 청소년도 있겠지만, 그렇지 못한 청소년들도 있을 수 있습니다. 코로나 과부하로 인한 스트레스로 자신이 붕괴되어가고 있다고 호소하는 청소년들이 많습니다. 그 시점은 각자 상이할 수 있지만 균형을 잃을 수 있는 순간들이 더 많아지고 있습니다.

무너지는 생활에서 시작된 악순환

예측 불가능한 생활에 적응하지 못해서, 혹은 사소한 약속을 어김으로써 규칙적인 생활이 무너지기 시작합니다. 결국 이는 마음을 무너지게 합니다.

마음이 무너지면 일상의 목표가 무너지고, 목표와 기준이 무너지면 포기하게 되는 것들이 늘어나게 된다고 합니다. 포기하는 것이 늘어나면 이때부터는 여러 가지 문제로 확대됩니다.

부모님, 선생님들과의 관계가 악화되고, 이는 다시 여러 가지 부정적인 결과로 이어집니다. 반항과 불복종, 싸움을 일으키며 완전히 다른 아이가 된 것처럼 심각한 상태가 되어버리고 맙니다. 회복하기 힘든 상태가 되어 자포자기해버리면 정체성이 바뀌어 코로나로 인해 망가진 아이가 되는 것입니다.

그리고 다중적인 문제에 빠집니다. 스크린 타임이 증가하는 스마트폰 중독 문제, 이로 인해 비만해진 몸의 문제, 공부에 손을 놓으면서 생긴 학습 문제, 이 과정에서 다툼으로 악화되는 관계의 문제 등을 해결해야 하는 상태에 처하는 것입니다.

평범한 학생

→ 생활의 피로 → 생활의 규칙성 확보 실패

→ 무너진 생활 → 무너진 마음 → 무너진 목표

→ 포기 → 다툼 → 관계 악화

→ 나쁜 느낌의 학생

: 중독 문제 + 몸 문제 + 학습 문제 + 관계 문제

그런데 아이들의 이야기를 들어보면 문제는 대부분 생활의 피로에서 시작되었습니다. 코로나로 인한 생활의 피로, 마스크를 착용해야 한다는 스트레스에서부터 불규칙한 생활에서 오는 피로감이 그것입니다. 이 피로를 우리가 잘 이해하고 도와주려는 노력이 필요합니다.

코로나 시대에 이 불규칙함을 유연하고 융통성 있게, 또한 원숙하게 잘 넘기는 어린이나 청소년은 드뭅니다. 그러므로 더 여유와 충분한 휴식이 보장된 생활이 필요합니다. 일정도 조정이 가능해야 합니다. 너무 빡빡한 일정을 소화하다 보면 피로를 보충하거나 실수를 보완할 수 없으며 오히려 아이는 생활을 무너뜨리기 쉽습니다. 그러다 복구하기가 어렵다고 생각하면 포기하기도 더 쉽습니다.

불규칙한 생활, 아이들은 위태롭다

코로나로 인해 닳고 마모되는 우리의 신경계가 안정을 취하려면 규칙적인 생활로 돌아가야 합니다. 그러나 감염자 발생, 격리, 학교 소독 등 여러 일정들로 인해 지난 2년간 학교 운영은 불규칙 그 자체였습니다.

존스홉킨스대학교 불안장애 클리닉 공동원장인 폴 네스타트Paul Nestadt 교수는 '끝을 알 수 없는 상태에서 다양한 변이의 발생 속에 불규칙하게 지내면서 규칙적인 일상생활을 유지하려는 현재의 라이프 스타일'이 팬데믹 피로감을 가져다준다고 했습니다.[4]

이런 상황에서 부모, 친구 등 가까운 사람들과의 관계 상실이나 입학식, 졸업식, 결혼식 등 의미 있거나 이정표가 되는 행사를 하지 못하게 되면 피로감, 실망감이 더욱 커진다고 했습니다.

현재 우리 청소년들은 불규칙하면서도 끝을 알 수 없는 변이 바이러스 전파 속에서 의미 있는 학교 행사는 거의 생략당한 채 지내고 있습니다. 그러니 상실감은 더 클 수밖에 없습니다. 무료하고 의미 없는, 이벤트조차 없는 학교생활을 하고 있는 것입니다.

나태해지는 것이 아니라 무의미의 늪으로 빠져들고 있습니다. 피로에서 소진의 늪으로 빨려 들어간다고 할 수 있습니다. 그러면서도 시험이라는 높은 스트레스의 채찍질까지 당하고 있으니, 어쩌면 스스로 그 늪에 더 깊이 빠지기를 바랄 수도 있습니다.

이런 아이를 나태하다고 혼내기만 하고 돕지 않으면 아이들은 소진 상태에 머무를 것입니다. 그렇게 되면 감염병에 대한 면역도 떨어질 뿐 아니라 감염병에 대한 적극적인 태도도 부족해진다고 합니다.

팬데믹 피로의 결과적 행동에서 가장 위험한 것은 방역 행동의 소극성입니다. 즉 피로와 소진으로 인해서 '바이러스로부터 자신과 다른 사람들을 보호하기 위해 권장된 행동을 따르는 데에 낙담'한 느낌으로 행동하는 것입니다. 이를 다르게 표현하면 감염될 가능성이 높아지는 것과 같습니다. 위생수칙 지키기, 마스크 쓰기 등에 소극적으로 변하는 것도 포함됩니다. 집에서 나오기 싫어하는 것도 마찬가지입니다.

우리는 생활의 피로를 줄이고 생활의 의미를 높이기 위한 작업을 청소년들과 꾸준히 해야 합니다.

코로나 스크린 중독 증후군
폭발적으로 늘어난 스크린 타임

스크린, 이제 놓을 수가 없다

인터넷, 스마트폰 사용 시간에 대한 조사에서 어린이·청소년들의 사용 시간은 지난 2년간 모두 증가했다고 나타났습니다.

컴퓨터를 이용한 인터넷 사용 시간, 스마트폰을 이용한 인터넷 사용 시간, TV를 본 시간, 태블릿PC를 본 시간, 이 모든 시간을 합쳐서 '스크린 타임'이라고 했을 때 코로나 시기에 이 시간은 그야말로 폭증했습니다. 10시간 늘었다는 보도도 있고 중독군이 2배 이상 늘어나거나 절반 이상의 사용자를 걱정해야 한다는 보고도 있습니다.

다음은 몇몇 보도를 요약한 내용입니다.

• 코로나 이전보다 평균 10시간이나 늘었다[5]

2021년 5월 통계청이 발표한 '2020년 청소년 통계'에 따르면, 2020년 10대 청소년은 일주일 평균 인터넷을 27.6시간 사용한 것으로 집계됐다. 2019년(17.6시간)에 비해 무려 10시간(56.8퍼센트)이나 늘어난 셈이다.

• 디지털 미디어 과사용 그룹 약 2배 늘고, 하루 4시간 이상 과사용 그룹 64퍼센트에 육박[6]

대한민국의학한림원과 한국의학바이오기자협회가 공동으로 개최한 '디지털미디어 과사용과 건강포럼'에서 전국 만 15~18세 청소년 271명과 만 20~69세 성인 1,013명을 대상으로 진행한 '디지털미디어 과사용 실태 대국민 인식조사' 결과가 발표되었다. 이에 따르면 코로나 팬데믹 이후 디지털미디어 과사용 그룹이 약 2배 증가한 것으로 나타났다.

스마트폰 이용 시간이 하루 평균 4시간 이상인 과사용 그룹의 경우, 코로나 이전 38퍼센트에서 코로나 이후 63.6퍼센트로 25.6퍼센트포인트 증가했다. 또 스크린 타임(학습 목적의 오락이나 여가 목적의 영상 이용)의 경우 과사용 그룹이 코로나 전(22.5퍼센트)보다 코로나 이후 46.8퍼센트로 26.1퍼센트포인트가 늘었다.

• 65퍼센트가 인터넷 사용 늘고, 스마트폰 중독군은 40퍼센트에 육박[7]

이화여대 사회복지학과 전종설 교수와 가톨릭대 정신건강의학과 이해국 교수 연구팀은 온택트 수업 이후 청소년들의 미디어 사용량과 중독 위험성을 조사했다. 15~18세 남녀 청소년 400명을 설문한 결과 응답자 65퍼센트가 온택트 수업 이후 게임, SNS, 유튜브 이용 시간이 늘었다고 답했다. 특히 스마트폰 이용 시간이 늘었다는 응답이 많았다.

온택트 수업 이전 학생들의 하루 평균 스마트폰 이용 시간은 5점 척도 기준 4.67(2~3시간)이었다. 온택트 수업 이후에는 이 점수가 5.18(3~4시간)로 늘었다. 스마트폰 중독 위험군 학생 비율도 같은 기간 30.2퍼센트에서 39.5퍼센트로 증가했다.

이 지경이면 부모들이 너무 예민하다고 하기도 어렵습니다. 실제로 사용량이 크게 늘었고 우려할 만한 상황이라고 볼 수 있으니까요. 이런 상태가 장기화되면 어떤 일이 벌어질까요?

학교는 안 가는 것이 아니라 못가는 것

아이들은 코로나 시기에 스크린 속으로 많이 들어가버렸습니다. 게임 속으로, 드라마 속으로, 유튜브 속으로 들어가서 지내고 있습니다. 나오라고 해도 잠시뿐이고 금세 다시 돌아갑니다. 거기다 끊임없이 새로운 콘텐츠가 제공되는 OTT 서비스는 너무 재미있고, 한번 시작하면 계속 보게 되는 소위 '정주행 탄다'라는 현상을 만들어냈습니다.

특정 동영상 서비스 업체들이 제공하는 드라마를 보다가 밤을 새워본 어른도 부지기수입니다. 다음 날 출근해서 낮 근무를 망쳤다는 이야기는 SNS에 차고 넘칩니다. 아이들도 마찬가지입니다.

일찍 자고 다음 날 학교에 가려고 했는데, 잘못 건드린 드라마 한 편 때문에 새벽녘에야 잠이 들어 학교를 가지 못했다는 아이들도 자주 보왔고, 새벽까지 게임에 매달리느라 늦잠을 잤다는 아이도 흔합니다.

마침 우리나라는 코로나 시기에 청소년들의 게임 조절정책 중 하나인 셧다운을 풀었습니다. 이제는 아이들의 자기조절력에 맡겨진 셈입니다.

경계가 무너진 온라인 세상

세계를 강타한 드라마 〈오징어 게임〉은 미성년자 시청 불가입니다. 하지만 너무나 많은 미성년자들이 이 드라마를 보았다고 합니다. 중학생은 말할 것도 없고 초등학생도 상당수 보았습니다. 제대로 조사가 될 리 없지만, 아마 조사를 한다면 위반사항이 엄청나게 발견될 것입니다.

게임이나 도박도 마찬가지입니다. 장시간 온라인 상태에 있는 아이들이 합법적 공간 안에서만 머무르지 않고 담을 넘어 어른들의 공간으로 가고, 이 공간에서 어른들의 다양한 향유물을 즐기곤 하였습니다.

사용자들의 연령대 위반도 문제고 중독자 증가도 문제입니다. 나라마다 게임, 도박, 성인물 영상의 심각한 사용과 더불어 각 영역에서 중독자가 늘었다는 보고가 넘쳐나고 있습니다.

대만에서는 고등학생의 게임 중독이 20퍼센트 이상 증가했다는 보고도 있습니다.[8] 유니세프의 연구에 따르면 코로나 시기 청소년들의 온라인 도박은 세계적으로 심각한 문제라고 이야기합니다.[9]

청소년 온라인 도박 이용자 비율은 성인보다 2~4배 더 높고, 특히 12세에서 17세 사이 청소년의 최대 8퍼센트가 병리적 도박 증세를 보이고 있습니다. 사춘기 시절의 온라인 도박은 대인관계 문제, 경제적 문제, 범죄, 우울증, 자살 등과 연관되어 있어 더 심각합니다.

코로나 시기 스크린 타임이 증가한 만큼, 여러 가지 온라인 활동을 할 수 있는 가능성도 늘었습니다. 그중 성인 동영상 시청 또한 증가했을 것이라는 예상은 충분히 할 수 있으며, 실제로 늘었습니다. 세계에서 가장 큰 포르노 사이트 중 하나인 'Pornhub'는 코로나 초기인 2020년 2월 말부터 이미 전 세계 트래픽이 11퍼센트 이상 증가했다고 보고한 바 있습니다.[10]

사람을 만날 수 없는 시간들을 채우기 위해 어쩔 수 없이 많은 스크린을 열었습니다. 하지만 그 스크린을 통해 아이들이 만나는 세상이 어떤 세상인지 어른들은 잘 알지 못합니다. 아이들은 경계가 무너진 세상에 들어갔습니다.

이 무너진 경계를 다시 세우지 못한 채 학교가 문을 열고 아이들을 부르자, 아이들은 학교에 가기 싫다고 합니다. 학교에 가서도 친구들과 스크린을 통해서 알게 된 놀이나 게임들을 하고 싶다고 합니다. 도박 같은 어른들이 하는 게임을 하고 싶다는 것입니다.

코로나 대이동

가정으로 돌아와 알게 된
우리 가족의 현실

오랜 시간을 함께 보낸 가족들은 행복했을까?

아이들이 대이동을 한 중요한 역사적 시기들이 몇 번 있었습니다. 그 중 아주 인상 깊을 뿐 아니라 인류 역사에 크게 영향을 끼친 대이동은 영국의 2차 세계대전 초기 대이동이었습니다.

당시 독일군 공습을 피해 대도시에 있던 영국 아동들은 남부 농촌에 자원봉사자 여성과 함께 위탁가정으로 보내졌습니다. 이를 성공적으로 완수하기 위해 영국 정부는 정신과의사들의 자문을 받고 수많은 전문가를 배치하는 등 만반의 준비를 했습니다. 부모와 분리된 아이들에게서 정서적·행동적 문제를 최소화하기 위해서 말입니다.

이때의 경험과 결과들이 모인 논문이 도널드 위니캇Donald Winnicott의 『박탈과 비행』에 소개됩니다. 책 제목에 암시되어 있듯이 부모와 분리되어 위탁가정에 맡겨진 아이들, 즉 부모-자녀 관계에서 박탈을 경험한 아이들에게서 가장 문제가 된 행동은 비행이었습니다. 반사회성과 박탈은 깊은 관련이 있었고, 그 결과로 나온 행동이 비행이었던 것입니다.

우리가 이번에 겪은 대이동은 학교와 거리에 나와 있던 아이들을 모두 집으로 보내는 것이었습니다. 코로나는 전 세계의 아동·청소년을 학교와 거리에서 가정으로 이동시키는 재배치를 일으켰던 것입니다. 그래서 이들은 가족들과 장시간 지내게 되었습니다. 과연 어떤 현상이 벌어졌을까요?

아이들의 분리가 제대로 일어나지 않았던 가정에서는 더 밀착되어 퇴행이 일어났습니다. 아이들과의 분리가 너무 빨리 이루어진 가정에서는 분리된 상태로 아주 불편한 동거를 하게 되었습니다.

일부에서는 은둔과 중독이 일어나기도 했습니다. 그 결과는 우울과 자해, 외로움의 증폭입니다. 물론 자살도 늘었습니다. 친구의 중요성도 아주 중요하게 부각되었습니다. 병리 현상들이 여러 방향으로 나타난 것입니다.

위의 내용들을 질문으로 정리하면 다음과 같습니다.

- 가정은 안전하다고 생각하고 집에서 더 많은 시간을 보냈는데, 그 기간 동안 청소년들의 자해, 자살은 왜 늘었을까요?
- 그렇다면 가정은 안전하지 않다는 뜻인가요?
- 가정은 청소년들의 심리 안정에 충분하지 않다는 뜻인가요?
- 청소년들의 안정에 가족 이외에 필요한 존재는 누구이며, 친구라는 존재는 과연 어느 정도로 중요한가요?

- 어린이·청소년이 가정에서 많은 시간을 보낼 때 무엇을 해야 발달을 촉진할 수 있을까요?
- 위와 같은 상황에서 부모의 역할은 무엇인가요?

아이들과 함께할 준비가 되어 있지 않은 가정

사회적 거리두기로 인해 아이들이 집 안에 장시간 머무르고 학교에 가지 못하게 되었을 때, 가정에서의 즐거움은 오래가지 못했습니다. 가정에 돌아온 청소년들과 잘 지내기 위해서는 보다 다양한 대화법이 필요했고, 생활의 지혜가 필요했으며, 이를 위한 지원이 필요했습니다.

특히 청소년과 같이 장시간 지내며 다투지 않는 법, 스마트폰 사용에 대처하는 법, 원격수업을 도와주는 법에 대한 지원이 절실했습니다.

생활이 서로에게 장시간 노출되면서, 독립적인 공간이 확보되지 않는 경우에는 불편이 더 컸습니다. 만일 다시 방학이 시작되면 부모와 자녀가 함께 있을 때 각 발달 단계에 따라 대화법, 서로를 존중하는 법을 배워야 합니다.

함께할 수 있는 활동을 만드는 것도 필요합니다. 코로나 초기에 홈트레이닝이나 유아 및 학동기 아동과의 활동들은 일종의 캠페인처럼 만들어지기도 했습니다. 그러나 초등학교 고학년 이후부터는 집에서 함께하는 활동조차 생경하고 준비도 되지 않았습니다. 오로지 공부 일변도의 대화뿐이고, 다른 생활의 즐거움이란 없었습니다.

부모나 가족만으로는 충분하지 않다

아이들은 가정으로 보내졌을 때 부모나 형제로 충분해하지 않았습니다. 코로나 시기 2년 동안, 스마트폰 다음으로 부모가 자녀와 갈등을 겪게 만든 대상은 '친구'라는 존재입니다. 방금 전까지 통화나 채팅을 하고서는 금세 나가서 만나고 오겠다는 존재, 그 친구라는 존재가 아이들에게는 가족 이상으로 중요한 존재인가 하는 질문을 여러 번 받았습니다.

초등학교 고학년 이상 아이들이 자신만의 세계를 형성하면 친구는 필수불가결한 존재입니다. 부모가 친구를 대신할 수 없다는 설움이 앞서서는 자녀와 좋은 관계를 유지하기 어렵습니다.

자녀의 존재감, 인기, 그리고 사회생활에서의 여러 지향성은 친구를 향하고 친구로 채워집니다. 아이들에 따라 다소 차이가 있지만 남자아이, 여자아이 모두 중학생 이후에는 친구에 대한 갈망과 인정 욕구가 더욱 확고해집니다. 코로나로 외로워진 시간도 친구로 채우려고 합니다.

부모가 채워주길 바라는 시간은 그리 길지 않습니다. 부모는 이를 수용하고 친구의 존재를 인정하고 자녀가 친구들 사이에 '인싸'로 자리매김하도록 지원하고 지지하는 존재여야 합니다.

코로나 시기, 친구의 부재가 커지니까 갈망도 훨씬 자주 나타나고, 그 빈자리에 대한 허기도 빈번히 느끼고, 친구의 중요성을 강조할 때 부모는 섭섭함을 견뎌야 했습니다.

가족 활동을 방해하는 요소들로 가득 찬 집

우리나라 가정의 건축 구조는 마당도 없고 뜰도 없는 아파트형, 빌라형, 다세대형 구조가 압도적으로 많습니다. 그러니 함께할 수 있는 활동들은 모두 실내에서 하는 일들입니다. 잔디를 깎거나 마당을 쓰는 일처럼 건물 바깥에서 하는 일, 즉 몸을 쓰는 일이 없습니다.

부모님이랑 함께할 수 있는 일들은 거의 가사와 관련된 일입니다. 그런데 이 가사와 관련된 일조차 부모님들은 아이들에게 잘 시키지 않습니다. 공부를 해야 한다는 이유로 말입니다. 아이들은 방에서 공부를 한다고 앉아 있는데, 물론 공부도 하겠지만 다른 일을 하는 경우도 많습니다.

그래서 집에 있으면서도 함께 무언가를 하기보다는 각자 자기 일을 하는 경우가 대부분입니다. 각자의 일은 완전히 분할되어 있고요.

집에 머문다는 것은 자기 방에서 공부하라는 압력을 받으면서 가끔 간식과 밥을 먹는 일에 불과합니다. 대화에 서툰 부모와 싸움 같은 대화를 하고, SNS를 하고, 약간 대화를 하고, 학원에 다녀와서 다시 공부한답시고 방에서 검색, 게임, 유튜브 보기, 공부 조금 그리고 SNS를 하다가 간식 먹고, 잔소리 듣고…… 이것이 아이들의 삶입니다.

이런 상황에서 더 오래 집에 갇혀 있다면 어떤 일이 벌어질까요? 우리는 아이들에게 무엇을 가르쳐야 했을까요? 부모란 무엇을 하는 존재일까요?

일본에는 집안일을 가르치는 '가사학원'이란 곳이 있습니다. 청소하는 법을 가르치기도 하고 빨래도 가르친다고 합니다.

116

우리에게도 그런 학원이 필요할까요? 사실 아무것도 할 줄 모르는 아이들이 태반입니다. 중학생이 되어서도 계란 프라이 하나 할 줄 모르고 라면이나 겨우 끓여 먹는 아이들이 대부분이지요. 공부하라는 잔소리를 듣는 것 외에는 다른 일을 해본 적이 없다고 합니다.

그런데 공부하지 말고 집안일을 하라고 하면 어떤 일이 벌어질까요? 빨래하는 법을 배우고, 빨래 개기를 배우고, 요리와 장보기, 청소와 수납하기를 배우고, 식물 키우기를 배운다면 아이들의 삶에는 어떤 변화가 있을까요? 공부를 안 하고 게을러져서 집 안에 틀어박혀 속 썩이는 일이 더 심각해질까요?

코로나 시기, 어떤 집에서는 아이들에게 집안일을 가르쳐서 자립이 가능한 아이가 되게 했고, 그 과정에서 인생에 관한 이야기도 많이 나누었다고 합니다. 지금은 '홈 아르바이트' 제도로 전환하여 집안일로 용돈을 벌게 한다고 합니다.

어떤 집은 여전히 공부에만 전념하도록 손에 물 한 방울 묻히지 않게 한다고 합니다. 함께할 일은 같이 식사하는 것 외에는 특별히 없다고 합니다.

코로나 격차
무기력의 배후에는 포기 문화가 있다

간극은 점점 더 넓어진다

2021년 초 《한겨레》에 실린 중앙대 사회학과 신진욱 교수의 글은 너무도 현실을 정확하게 짚고 있습니다.

…… 이렇게 코로나의 현실을 다면체로 보면 한국의 현황이 달리 보인다. 한국 방역모델이 우수한지, 경제를 선방했는지가 스토리의 전부가 아니다. 더 큰 틀에서 이 위기가 우리의 사고와 정책에 근본적 성찰과 전환의 계기가 되었는지, 아니면 낡은 경로가 지속된 것에 불과한지가 본질적인 질문이다.

한국 사회는 언제나 화려한 총량지표와 평균지표에 눈이 멀어 끔찍한 분배지표를 간과해 왔다. 코로나 상황에서도 마찬가지다. 한국은 코로나 확진자와 사망자 수, 경제성장률, 수출증가율, 국민총소득 모두 최우수급이라고 한다. 그런데 이런 '숫자'에 집착하는 우리 사회, 우리 정치는 실직, 과로, 빈곤, 자살, 산업재해로 쓰러지고 있는 수많은 '사람'을 방관하고 있다.

정부 대응도 그러하다. 혁신과 개혁의 수사가 범람했지만 현실에선 오히려 죽은 줄 알았던 유산이 부활하는 계기가 됐다. 한국 정부는 강력한 행정력으로 감염을 억제하고 시장의 경제활동을 정상 유지시키는 데 집중했다. '한국판 뉴딜' 계획은 신산업 육성과 아르앤디(R&D) 지원 등으로 한국 기업과 과학기술의 국제경쟁력을 높이는 것을 중심 목표로 삼았다.

이런 대응은 성장 중심, 기업 우선, 수출 주도, 엘리트 육성 중심의 개념이라는 점에서 오래된 발전국가의 전통을 계승한다. 다만 정치적 측면에서 권위주의를 민주주의로, 군사안보를 보건안전으로, 발전국가를 투자국가로 변형했다. 반면 소득주도 성장, 노동존중 사회, 포용복지국가라는 문재인 정부 초기의 핵심 기조는 여전히 남아 있되 그 위상이 약화됐다.

2020년 코로나 위기를 겪으면서 안타깝게도 '한국적인, 너무나 한국적인' 명암이 다시금 또렷이 나타났다. 세계 최고의 방역, 최고의 성장, 최고의 수출, 최고의 국가자부심이 빛나는, 그러나 세계 최악의 빈부격차, 최고의 자살률, 최저의 복지 지출, 최장의 노동시간, 최다의 산재사망이, 마치 버려진 잿더미처럼 널브러져 있는 한국 사회의 위선적 풍경 말이다.[11]

아주 긴 인용을 했습니다. 문제를 인정하고 그 가운데 새로운 발견을 했다면 치유해 가면 됩니다. 진짜 문제는 수용하지 않는 데에 있습니다.

우리 현실을 차분히 목도하고 정확한 지점에서 변화를 위한 출발을 해야 합니다. 빈부 격차, 높은 자살률, 최저의 복지 지출, 최장 노동 시간, 최다 산재사망이 코로나 성공 방역에 가려진 현실이었다면 이를 개선하는 조치를 잘 해나가면 됩니다.

코로나 격차와 신빈곤층의 탄생

이미 발표된 코로나 시기의 온갖 지표들은 우리나라의 빈부격차가 더 커졌음을 시사합니다. 부자들의 저축률, 부동산 및 주식 보유율은 모두 올라가서 양극화가 심해졌습니다.

코로나 이전에도 우리나라는 OECD 가입국가 중 빈부격차가 큰 나라로 3위 안에 들었고, 우리나라의 상위 10퍼센트가 국가 소득의 45퍼센트를 차지하고 있었는데, 지금은 더 심해졌다고 합니다.

2021년도에 발표된 상대적 빈곤율은 16.7퍼센트로 OECD 가입국가 중 아래에서 4번째입니다.[12] 상대적 빈곤율은 소득이 전체 인구 중간소득의 50퍼센트에 못 미치는 사람들의 비율을 의미하는데, 노인 빈곤율이 높아서이기도 하고 우리나라가 더더욱 불평등한 방향으로 가고 있다는 뜻입니다.

이런 바탕이 있었던 데다 코로나로 인한 경제적 손상이 보태어져 우리의 경제적 건강은 더 악화될 것 같습니다. 그래서 코로나 이후 정부의 회복 조치가 중요합니다.

역사를 회고해 보면 대감염 후에는 사회 변동이 있었고 계층에도 변화가 있었다고 합니다. 스페인 독감, 사스 감염 때도 새로운 빈곤층이 형성됨으로써 사회적 부담이 크게 증가했다는 보고가 있습니다.

이러한 대감염 후에는 자살률이 증가하고 심리질환이 늘었으며 아동학대, 가정폭력이 늘어나는 결과가 있었습니다.[13] 이는 대감염 시기 몰락한 가정, 중소기업 혹은 파산하기 쉬웠던 산업 관련자들과 깊은 관련이 있습니다. 지금 우리 사회도 소상공인 중장년층과 청년층이 파산하고 몰락하고 있습니다.

코로나가 진행되고 확산되면서 사회적 거리두기가 지속되었습니다. 이 사회적 거리두기가 사람들에게 흥망의 갈림길이 되었습니다. 국가의 지침에 따라 살아난 직업, 죽어간 직업이 나뉘었고, 자녀들은 어쩔 수 없이 여러 격변과 이동을 겪을 수밖에 없었습니다. 여기에 부동산 가격 상승으로 인해 일부 계층에게는 더욱 어려운 시간이 되고 있습니다.

회복할 수 없는 격차는 의욕을 말살한다

외국에서는 코로나 신빈곤층이 이미 형성되었으며, 이들 숫자는 더욱 늘어날 전망입니다.

우리나라에서도 코로나 신빈곤층은 생겨나고 있습니다. 이 중에서도 청년층과 중장년층 1인 가구를 가장 주목해야 할 집단으로 보고 있습니다. 몰락했지만 재기가 보장되면 회생이 어렵지 않을 것입니다. 하지만 부동산 가격을 포함해 재기에 필요한 여러 비용을 고려해 보면 회복을 자신하기도 쉽지 않습니다.

몰락을 끝이라고 인식하면 포기가 답입니다. 포기의 문화가 만연하면 무기력한 정서가 곳곳에 판을 치게 됩니다. 청소년, 청년들의 문화 속에 이미 깊게 배인 포기의 문화를 바탕으로 코로나 시기 나락으로 떨어진 가족들은 더욱 깊은 무기력 속에 빠져들었다고 합니다.

한림대 자살과 학생정신건강연구소 이미선 교수 연구에 따르면, 코로나 시기 몰락한 중산하층 가족 중 특히 가족이 분열되어 한부모 가족이 된 자녀들의 자살 사고가 어느 집단보다 높게 나타납니다.[14]

코로나 시기에 청소년들은 사교육 격차, 여가 시간 활용의 격차, 원격 수업 환경의 격차를 겪었습니다. 이 격차를 발견하고 오히려 분투하게 되리라 기대하는 것은, 어른의 일방적인 소망입니다. 현재 많은 청소년과 청년들은 분노와 무기력의 감정을 무한 왕복 중입니다.

특히 코로나가 '아빠 찬스'를 더욱 확대했다고 생각하는 젊은이들이 많습니다. 이미 있었던 격차를 더 벌려놓는 코로나가 원망스럽고 이제 따라갈 수 없을 지경이라고 생각하기 시작했습니다. 이 상태가 지속되면 우리 사회에는 무기력한 청소년, 청년들이 넘쳐나게 될 것입니다. 현재 우리는 그 입구에 서 있는 듯합니다.

청년들과 소상공인들이 외치는 목소리

코로나 이후 어려움을 이야기하는 자리에 참여한 적이 있습니다. 청년 모임과 소상공인 모임에 참석해서 들었던 내용 중 일부를 공유합니다. 코로나로 인해 어려움을 느끼는 현장의 목소리들이 담겨 있습니다.

청년 모임_ 2021. 10

- 코로나로 인한 손상을 가장 깊고 크게 경험한 세대가 청년임을 국가가 알아주세요. 코로나 오자마자 취업의 문을 닫아버린 대기업들 정말 너무하지 않나요? 국가도 기업도 모두 저버린 첫 세대가 바로 우리 세대임을 어른들은 알아야 합니다.

- 적어도 '코로나 세대'라고 할 수 있는 2020년과 2021년 대학 신입생들에게 사회는 특별한 정책적 지원을 고려해야 합니다. 대학에서 온라인 수업만 하면서 아무 조치도 없는데 그냥 이렇게 넘어가는 건가요?

- 코로나에 걸려서 돌아가시는 분들은 어르신이 많다고 하지만, 코로나에 걸리지 않고도 목숨을 끊을까 고민하는 사람들은 청년층입니다. 코로나가 알아서 쓸모없는 청년들 정리해 주는 것을 사회와 국가가 기다리고 있는 건가요?

돈 없고 빽 없고 부모 잘못 만난 청년들이 더욱 괴롭게 코로나 시기를 견딘다는 것을 어른들은 너무 모릅니다. 그저 립 서비스로만 난리를 피우는 것 같아요. 자동 삭제하면서.

- 비정규직 청년들의 대거 퇴직, 불안정한 고용과 주거가 만들어낸 상황이 20대 여성의 자살 증가와 깊은 관련이 있다는 뉴스를 정치인이나 대통령은 안 보는 것 같아요. 우리끼리만 보나 봐요.

- 계획을 세우는 것이 큰 의미가 없는 것 같아요. 취소해야 하는 일이 더 많이 생기니까요. 지금은 무엇을 하기도 어렵고 안 하기도 어렵고 참 어려운 상태, 그 자체예요.

- 모든 것이 개인에게만 맡겨지는 것 같아요. 뭐든 온라인으로만 진행되니까 더 그래요. 어디에 모여서 무엇을 같이 토의하고 대책을 세워야 할지 그 방법도 모르겠어요. 갈수록 혼자라는 느낌만 들어요. 그래서 더 외롭고 힘들어요. 예전에는 어떻게 모임을 하고 어떻게 소속되고 조직이 되었는지 상상이 안 돼요. 지금은 어떤 모임에 나간다는 것 자체가 두렵고 약간 힘들어요.

소상공인 모임_ 2021. 11

- 정부를 믿고 기다린 죄밖에 없는데, 끝까지 이렇게 맘대로 차별적 거리두기를 하네요. 이건 대기업 살리기일 뿐입니다. 어떻게 해야 합니까? 가족만 아니었다면 분신이라도 하고 싶은 심정입니다.

- IMF 때보다 더 괴롭습니다. 그때는 너 나 할 것 없이 어려웠는데 지금은 나만 어렵고 다른 사람은 그렇게 보이지 않아요. 뭐가 뭔지 모르겠어요. 그래서 더 화가 납니다. 격차가 더 커지고 불평등이 확실히 심해진 것

같아요.

- 정부가 도대체 무슨 눈치를 보는 건지, 아니면 원칙이 따로 있는 건지. 찔끔찔끔 우는 애 달래듯이 자존심 상하게 보상금이나 지원금을 까다롭게 차별적으로 지원하고 아주 신경질이 나요. 여러 기준을 세워서 누군 받고, 누군 받지 못하게 하는 것이 화가 납니다. 모든 소상공인의 저항과 반대가 필요한데, 업종도 다양하고 그만큼 입장도 다양하니 안타깝습니다. 힘없는 소상공인만 죽어날 뿐입니다.
- 이번 겨울이 큰 걱정입니다. 이제 저축한 돈도 바닥났고 정부 지원금도 써버려서 결국 가족이 뿔뿔이 흩어져야 하나 싶을 정도입니다. 코로나가 아니라 정부와 사람들이 원망스럽습니다. 이렇게까지는 안 해도 되지 않았나 싶어요.

롱 코비드 증후군

끝날 때까지 끝난 것이 아니다

끈질긴 코로나 바이러스의 상흔

세계보건기구에서는 코로나를 앓고 난 이후 증상이 지속되는 사례를 수집해서 새로운 연구 프로젝트를 발표했습니다. 그리고 '롱 코비드'라는 현상을 인정하기로 했습니다.

롱 코비드란 '다른 질환의 존재나 영향이 아닌, 코로나 바이러스 영향으로 코로나 확진부터 세 달, 적어도 두 달 이상 증상이나 징후가 계속된 상태'로 정의하였습니다.[15]

물론 이 정의에 대해서는 의학자들 사이에서 논란이 있기도 합니다. 그러나 중요한 것은 코로나를 거뜬하게 이겨내고 나서 아무 문제가 없는 사람들도 있지만, 그렇지 않은 사람도 있다는 사실입니다. 이들에게는 증세가 장기간 이어지고 있고, 그것이 코로나로 인한 것이라고 확신

하고 있습니다. 그 기전을 지금 연구 중에 있는 것입니다.

롱 코비드 증상은 성인뿐 아니라 아동·청소년들에게서도 적지 않게 나타나고 있습니다. 발생률과 빈도에 대해서는 논란이 있습니다. 연구자에 따라 7~25퍼센트까지 다르게 보고 있는 상황입니다.

롱 코비드는 코로나 확진자가 많을수록 나타날 가능성이 높은데, 앞서 언급했듯이 우리나라의 아동·청소년의 확진 비율은 절대 낮지 않았습니다. 2022년 4월 자료에 따르면 초등학생에 해당하는 5~11세 사이의 확진율이 다른 연령대보다 높다고 보건복지부가 발표하기도 했습니다.

아직 우리는 아동·청소년의 롱 코비드 상황을 추적 조사하지 않았지만 다른 나라와 비슷할 것이라고 전제할 수 있습니다. 그렇다면 대략 10퍼센트만 잡아도 450만 아동·청소년 코로나 확진자 중에 45만 명 정도에게서 롱 코비드 현상이 나타날 수 있습니다. 이들은 오랜 시간 코로나로 인해 아파하며 지내고 있다는 뜻입니다.

롱 코비드는 코로나 확진과 관련되어 있으므로 우리나라의 아동·청소년에 대한 백신 접종도 영향이 있습니다. 우리나라는 청소년 백신 접종을 2021년 고3 학생들에게 가장 빨리, 가장 높은 비율로 시행했습니다. 이는 우리나라만의 특별한 현실이라고 할 수 있겠지요. 다음으로 12~18세 사이 아이들에 대한 백신 접종을 추진했고, 최종적으로 2022년에 5~11세 아동들도 접종을 했습니다.

중·고등학생의 백신 접종률은 80~90퍼센트 사이에 도달했습니다. 반면 아동은 백신 접종을 설득하기 가장 어려운 집단이라 접종률이 미미한 수준에 머물렀습니다. 아동·청소년들의 감염과 백신 접종에 대한 상태를 요약하면 다음과 같습니다.

- 아동·청소년의 코로나 감염률은 성인에 비해 높았다. 특히 오미크론 대유행 시에 급증했다
- 아동·청소년의 감염은 무증상 혹은 경증 감염으로 가볍게 여겼지만 이들의 코로나 입원율은 결코 낮지 않았다. 16퍼센트 내외가 코로나로 입원하여 치료를 받았다(60만여 명이 단기로 입원).
- 아동·청소년의 감염과 중증화율 역시 백신 접종과 관련이 깊다.
- 초등학생 백신 접종에 있어 부모와의 의사소통이 원활하지 않았다.
- 아동·청소년에 대한 데이터는 상대적으로 부족하다.

롱 코비드로 고통받는 아이들

《뉴욕타임스》는 2021년 8월 8일, 특집에 가깝게 편집한 롱 코비드 아동·청소년의 경험담을 보도했습니다. 이 기사에서는 무척 힘들게 장기간 코로나 증상을 겪는 아이들에 대한 상세한 인터뷰가 소개되었습니다.

유능한 운동부 선수를 비롯해 다양한 10대 중후반 아동·청소년들이 상당히 장기간 기분 증상, 통증 증상 그리고 인지 저하를 포함한 다양한 스펙트럼을 갖고 있음을 보여주었습니다. 그중 일부만 소개하면 다음과 같습니다.[16]

"……17세 남자아이 윌은 테니스 선수였는데, 코로나로 인한 극심한

피로감으로 35일간 학교를 가지 못했고 이후에 어지럼증이 생겼다. 학교에 등교했지만 브레인 포그brain fog 같은 현상으로 선생님들에게 자주 지적을 받아 두 달이 넘은 지금까지도 등교를 못하고 있다.”

“……14세 여자아이 트루도는 심장에는 이상이 없으나 반복되는 빈맥감, 후각 소실, 식욕 저하에 두통, 피로감, 망각증으로 등교를 포기한 상태다. 6개월째 냄새를 맡지 못하고 있으며 두통과 빈맥으로 일상생활이 어려울 때는 병원에 입원하기도 한다. 현재 정신건강의학과, 심장내과, 이비인후과가 다학제팀으로 진료하고 있다.”

“……16세 미야는 1년 전에 확진되었고 그 후 4~6주 간격으로 마치 롤러코스터 타는 듯한 증세를 보인다. 주로 극심한 피로와 집중 곤란이 찾아왔고, 반복되는 피로로 집중이 어려워졌다. 불안함과 실망감으로 인해 하던 일을 지속할 수 있다는 자신감을 상실하면서, 성적 하락, 교육 포기로 이어졌다. 현재 학교와 가정, 치료팀이 함께 지원을 하고 있다.”

이 기사에서는 미국 전문가들의 보고를 종합하여 롱 코비드를 앓고 있는 아동과 청소년에 대한 연방정부 차원의 지원을 촉구하고 있습니다. 같은 기사에서 미국국립보건원 원장인 프랜시스 콜린스 박사Francis Collins가 다음과 같이 말했다고 전합니다.

첫째, 미국 아동·청소년의 11~15퍼센트는 롱 코비드 증상을 보이고 있으며 둘째, 이런 증상이 있는 청소년들은 학교생활에 막대한 어려움을 겪고 있다고 합니다. 끝으로 감염 양상이 가볍거나 혹은 무증상이어도 그 후에 수면, 학업, 일상생활에 심대한 영향을 주는 롱 코비드 증상을 겪는 것으로 보인다고 했습니다.

케네디 크리거 연구소 소아코로나후유증클리닉 어맨다 모로Amanda Morrow에 의하면 청소년들의 증상은 마치 뇌진탕 후유증과 비슷하게 나타날 때도 있고, 일부는 신체적 혹은 정서적 소진 같은 만성피로증후군의 특징을 보인다고 합니다. 어떤 경우에는 기립성빈맥증후군POTS을 호소한다고 합니다.

현재 대부분의 코로나 후유증 클리닉에서는 다학제 치료팀들이 개입하고 아동·청소년들에게 적합한 재활운동, 인지행동치료, 수면 지원, 호흡기 및 위장에 대한 약물치료 등을 시행하고 있으나, 롱 코비드 증상에 적합한 치료법을 발견하지 못한 상태라고 전했습니다.

한편 영국에서는 자녀들의 이런 사례를 모으고 정부 차원에서 대응책을 마련하기 위해 롱 코비드 아이들의 부모 모임이 결성되었습니다. 여기에서 정부의 진료, 예후 및 지원에 대한 논의를 촉구하고 진행하고 있습니다. 롱 코비드로 인한 사회 부적응, 일상생활 곤란, 학교 부적응 등에 대해서 국가 차원의 재정 지원을 받을 수 있는 법, 조례를 만들기 위해서입니다.[17]

이런 움직임에 힘입어 영국은 코로나 이후 치료를 제공하도록 설계된 15개의 전문 소아과 허브를 설립했고, 아동·청소년의 코로나 관련 지원 기금을 세 가지로 정해서 통계, 증상 및 진단기준 확립, 치료를 지원하고 있습니다.[18]

미국은 일시적으로 롱 코비드 진단 시 복지기금을 지원하는 방안을 논의 중이며, 아동·청소년의 롱 코비드를 연구하기 위해 1차로 830만 달러를 편성해서 LA아동병원과 협약을 했습니다. 아동·청소년과 코로나의 감염 여파와 영향을 연구하는 리커버Recover라는 프로젝트에 소요되는 비용입니다. 더불어 바이든 대통령이 아동·청소년의 롱 코비드를 위한 특별예산을 지정할 예정이라고 합니다.[19]

유럽의 여러 나라 정부도 현재 아동·청소년 롱 코비드를 국가 차원에서 조사하고 진료에 다학제적 팀이 참여하도록 서두르고 있습니다. 유럽연합에도 롱 코비드 아동·청소년들의 부모 모임이 생겨서 현재 코로나 이후 자녀들에게 나타나는 여러 상황을 공유하고 함께 대응하고 있습니다.

아직까지 우리나라에는 아동·청소년의 롱 코비드에 대한 국가 차원의 체계적인 연구와 조사 및 대책이 없다고 알려져 있습니다. 롱 코비드 1,000명에 대한 코호트cohort 혹은 추적 조사를 한다는데, 여기에 아동·청소년이 포함되었는지도 알려져 있지 않습니다.

아동·청소년의 롱 코비드 증상과 징후

롱 코비드는 어떤 증상과 징후를 갖고 있고, 성인과 아동·청소년의 차이는 무엇이며 그 현상에 대해 어떤 논쟁이 오가는지 간략히 살펴보겠습니다.

① 증상과 징후

세계보건기구의 정의에 부합하는 아동·청소년 대상자로 조사한 논문 68개를 검토하여 이 중 8만여 명을 대상으로 유럽, 아시아, 호주 그리고 남아메리카에서 수행된 21개의 연구에 따르면, 코로나 증상을 보인 아이들 중 4분의 1이 롱 코비드로 발전한다고 알려졌습니다.

지금까지 많은 연구가 코로나 증상 발생과 관련되어 있었다면, 새로운 연구는 증상의 지속성과 후유증으로 방향이 선회되고 있습니다.

아동·청소년에게 지속되는 증상이나 후유증의 심각성은 어른에 비해 적지 않습니다. 이 연구에 의하면 롱 코비드의 가장 흔한 증상은 다음 다섯 가지로 나타납니다. 첫째 기분 증상(16.5퍼센트), 둘째 피로(9.7퍼센트), 셋째 수면 장애(8.4퍼센트), 넷째 두통(7.8퍼센트), 다섯째 호흡기 증상(7.6퍼센트) 순입니다.

여기에 동반되는 증상 네 가지가 있습니다. 첫째 코막힘, 둘째 브레인 포그 및 집중력과 기억 면의 인지 증상, 셋째 식욕 감퇴, 넷째 후각 이상 및 저하입니다.

롱 코비드 후유증 클리닉에서 증상을 호소하는 아동과 청소년들은 피로, 브레인 포그, 불안, 신체 통증, 두통, 인후통을 포함한 다양한 증상을 수개월 동안 겪고 있습니다. 검사를 해도 내과적으로는 설명하기 어려운 증상이 많고 그 기전이 불확실하다고 합니다. 코로나 감염 후 깨끗하게 회복되는 아이들도 있지만, 일부에게 새로운 증상이 나타나고 지속되는 경향이 있는 것은 현실입니다.

롱 코비드를 경험하는 아이들은 학교생활이나 학업에 지장을 받거나 신체활동에서 불편을 경험해서 클리닉을 방문하는 경우가 많습니다. 현재 아동보다는 청소년들에게서 더 많은 롱 코비드가 나타나고 있습니다.

영유아나 어린 아동들은 부모의 관찰이 더 중요합니다. 이들은 단지 얌전해졌다거나 기운이 빠지는 정도로 넘어갈 수도 있기 때문입니다.

어떤 의료진은 자가면역질환과 유사하다고 보고, 어떤 학자들은 만성피로 증후군과 더 유사하다고 주장하기도 합니다. 또한 인지 증상과 정신의학적 증상의 중요성을 강조하면서, 치매 혹은 우울 및 자살과의 연관성을 강조하고 있습니다.

② 증상의 빈도

영국에서 실행한 코로나 감염 후 증상 지속 비율에 대한 통계적 연구에서는 4분의 1보다 훨씬 낮은 7~8퍼센트가 롱 코비드를 겪는다고 보고했습니다. 실제 코로나 감염 후 5주, 12주 시점에서의 증상 지속 비율을 조사했을 때, 16세 미만에서는 대략 7~8퍼센트가 롱 코비드를 보였다고 합니다.

미국과 유럽연합의 보고는 아이들의 증상을 보다 넓게 롱 코비드로 보고 더 적극적으로 치료하는 경향(10퍼센트 이상)이 있으며, 영국은 신중한 입장에서 복합적 증세로 보고 비율을 적게 잡는 경향(10퍼센트 미만)이 있습니다.

③ 치료

치료는 대부분 증상에 맞추어 다학제팀이 개입하여 진행하고 있습니다. 한 팀이 치료하기 어려운 여러 증상을 나타낸다는 점이 롱 코비드의 특징입니다.

그러므로 심리적 치료, 운동 및 재활 치료, 증상이 있는 기관별 치료를 소아감염과, 호흡기내과, 류마티스 내과, 정신건강의학과, 재활의학과 등에서 협업하여 증상에 대한 평가와 치료를 하면서 추이를 지켜보고 있습니다.

④ 아동·청소년과 성인의 롱 코비드 차이

아동·청소년과 성인의 롱 코비드 증상은 조금 다릅니다. 성인은 브레인 포그, 뇌신경학적 증상을 포함한 자가항체 유발의 증상을 보입니다. 어린이는 피로, 두통, 현기증, 근육과 관절 통증 등 증상을 보입니다.

성인은 코비드 증상의 심각도(중환자실 입원 등)와 롱 코비드 증상이 비례하는데 반해, 아동·청소년의 경우는 반드시 비례하지는 않습니다. 이것이 성인과 아동·청소년의 가장 큰 차이점입니다.

⑤ 롱 코비드와 롱 팬데믹 증후군에 대한 논쟁

코로나에 의한 직접적 영향과 코로나 시기에 발생한 심리사회적 영향은 구별이 어렵다며 신중해야 한다는 역학자 및 통계전문가 그룹이 있습니다. 아동·청소년 롱 코비드 현상에 대한 논쟁은 다음과 같습니다.

- 지역, 국가, 의료적 연계 차이에 따라 코로나에 감염되었던 아동·청소년의 롱 코비드 발생률 차이가 너무나 크다.
- 롱 코비드의 진단적 개념에 대한 정확성이 부족하다.
- 코로나에 감염되었던 아동·청소년과 감염된 적이 없는 아동·청소년의 차이가 분명하지 않다. 아동·청소년의 피로, 우울, 불안 등은 코로나에 감염되지 않은 아이들에게도 다양하게 나타난다.
- 백신을 맞은 아동·청소년은 중증으로 진행되는 비율이 낮다는 점

이 분명하다. 그러나 '백신을 맞은 아동·청소년 vs 백신을 맞지 않은 아동·청소년' 차이를 더 분명하게 드러내는, 정확한 대조군을 갖고 실시된 연구가 많지 않다.

• 현재까지 대부분의 연구에는 소규모 코호트, 대조군 부재, 표준화되지 않은 증상, 기존 건강 상태에 대한 교정 부족, 참가자가 보고한 감염 및 후속 조치의 변화, 선택, 무반응, 오분류 및 리콜 편향을 포함하여 상당한 제한이 있다.

아동·청소년 롱 코비드에 대한 국가적 과제

여전히 논란이 진행 중이지만 대부분의 국가나 세계보건기구는 아동·청소년의 10퍼센트가 아니라 2퍼센트라도, 반드시 연구되고 치료가 제공되어야 한다는 입장입니다. 이 과정에서 가장 힘든 것은 아동·청소년과 그 가족입니다.

때로 롱 코비드 혹은 롱 팬데믹 증후군(코로나 피로증후군)의 아이들이 게으름이나 나태함으로 비난받기도 합니다. 하지만 많은 아이들은 코로나 이전에 그런 증상이 없었습니다.

코로나 감염이, 또 코로나 감염 후 장기적으로 나타날 수 있는 롱 코비드 현상이 아동·청소년의 미래에 어떤 영향을 줄 것인가는 아주 중대한 문제입니다. 우리나라도 시급히 아동·청소년들의 발생 빈도뿐 아니라 추적 관찰해야 하는 현상들을 정리해야 합니다. 더불어 국가적 차원에서의 연구와 지원이 필요합니다. 지속적인 추적 관리 및 치료 지원 대책도 절실합니다.

가정과 학교에서 아픈 아이들을 나쁜 아이들로 만들어서는 안됩니다. 그러므로 이 연구는 아주 시급하고 국가의 관심이 필요합니다.

다기관염증증후군[21]

코로나로 인한 가장 위중한 상태는 다기관염증증후군Multisystem Inflammatory Syndrome, MIS-C입니다. 이는 몸의 여러 부위에서 동시에 염증이 일어나는 상태입니다. 그 기전은 알 수 없지만 심장, 폐, 신장, 뇌, 위장에서 염증이 동시에 일어나면서 열이 지속되는 증상을 보입니다. 이 상태는 응급상황이고, 시간을 다투어 병원에 가야 합니다. 이런 증상이 나타나는 빈도는 매우 낮기는 하지만, 제대로 보고되지 않았다고 볼 수도 있습니다.

우리나라에서는 MIS-C 사망이 15명 내외로 미국의 68명에 비해 적지만 감염자 인구 대비로 보면 낮다고 보기 어렵습니다.

지속되는 고열과 함께 충혈, 위통, 설사, 어지러움 등 저혈압 징후, 피부발진, 구토 같은 증상이 있을 경우 응급 처치가 필요합니다.

How to Recognize

Multisystem Inflammatory Syndrome in Children (MIS-C)
A Delayed Immune Response Related to COVID-19

Children, adolescents, or young adults who develop certain symptoms after having COVID-19 might have MIS-C. They should see a doctor if they had COVID-19, or have been in close contact with someone who had COVID-19, within the past 6 weeks and now have the following:

Ongoing Fever   **PLUS more than one of the following:**

Stomach Pain

Diarrhea

Vomiting

Skin Rash

Blood Shot Eyes

Dizziness or Lightheadedness

Go to the nearest hospital Emergency Room if your child is showing any severe MIS-C warning signs such as:

Trouble breathing | Pain or pressure in the chest that does not go away
Confusion or unusual behavior | Severe abdominal pain | Inability to wake or stay awake
Pale, gray, or blue-colored skin, lips, or nail beds; depending on skin tone

Centers for Disease Control and Prevention
National Center for Immunization and Respiratory Diseases

For More Information
www.cdc.gov/mis/mis-c.html

다기관염증증후군 발생 시 응급조치를 권장하는 미국 질병관리청의 안내문

"전체주의는 '외로움을 기반으로 삼는다. …… 이것은 인간에게 가장 근본적이고 절망적인 경험에 속한다.' …… 나치즘을 추종한 사람들의 '주요 특성은 …… 야만과 퇴보가 아닌 고립과 정상적 사회관계의 결여'였다. '사회에 자기 자리가 없다고 느끼는 사람들은 이데올로기에 개인적 자아를 투항함으로써 목적의식과 자긍심을 되찾으려 한다.'"

— 한나 아렌트, 『전체주의의 기원』[0]

코로나 상처 치유를 위해 교사·부모가 실천해야 할 열 가지

4장에서는 코로나 시기 아이들과 부모님, 교사들의 대화에서 가장 크게 상처가 되었다는 열 가지 주제를 뽑아서 이에 대한 사례로 설명하고, 대화법이라는 형식으로 방법을 제안해 보았습니다. 실제적인 이해와 대화 방식을 원하는 학부모와 교사들을 생각하고 작성한 매뉴얼에 가깝습니다.

그 주제는 존재감, 성취감, 자율감, 주도성, 중독, 몸, 디지털 리터러시, 생활 돕기, 집안일, 부모나 교사 자신이 스스로를 돕기입니다.

아이에게 친구는 안전기지

관계가 끊어지면 존재도 사라진다

"갑자기 학교에 오지 말라니까 당황스러웠어요. 처음에는 카톡이나 페메로 친구들하고 자주 연락했는데 이것도 점점 줄더라고요. 어느 날은 오전 내내 아무도 연락을 안 하니까 애들이 이제 내 생각을 안 하는구나 하는 생각이 들면서 불안해지기 시작했어요. 친한 애한테 전화를 했는데 받지도 않고, 그러다 저녁에 연락이 오면 너무 반갑고. 사람들이 내 생각을 할까? 코로나가 완전히 인간관계를 절단 내는구나, 이런 생각이 들었어요.

결론적으로 코로나 때문에 학교에 안 가니 내가 어느 정도의 존재감을 지닌 인간인지 확 드러났어요. 나를 찾는 횟수, 연락 오는 횟수 등을 보면 알 수 있잖아요. 그러고 나니 별로 안 살고 싶어지더라고요. 나는 존재감이 진짜 없는 인간이었어요."

— 아이들과의 상담 중에서

등교 중단, 아이들의 속마음은 어땠을까요?

학교에 가고 싶지 않았던 적은 많았지만, 학교가 오지 말라는 상황은 드물었습니다. 코로나로 인해 학교에 오지 말고, 돌아다니지 말고, 집에 있으라고 하는 상황은 (전쟁 후) 거의 처음 겪는 충격이었지요. 완전한 봉쇄를 겪은 나라에 비하면 덜했지만 2020년 한 해 고강도 사회적 거리두기를 한 것만으로도 아이들은 큰 충격을 받았습니다. 신체의 자유를 구속당했다고 할 정도의 억압이었지요.

학교를 가지 않은 아이들이 겉으로는 그냥저냥 큰 불안이나 힘든 감정 없이 지내는 것처럼 보일 수도 있습니다. 하지만 3월 한 달이 넘어가자 이런 이야기를 하는 아이들이 나타나기 시작했어요. '외롭다, 괴롭다, 친구랑 놀고 싶다, 소속감이 안 느껴진다, 이렇게 지내다가는 존재감이 사라질 것 같다.'

대부분의 부모님은 아이들이 학교를 가지 않게 되었을 때 공부, 성적, 미래를 걱정하셨을 것입니다. 하지만 아이들의 걱정은 다른 데에 있습니다.

아이들의 걱정은 무엇이었을까요?

아이들의 걱정은 친구 관계, 그리고 자신의 존재감이었습니다. 청소년 기관에서 조사한 결과도 마찬가지였습니다. 아이들의 진짜 걱정은 관계의 결핍, 그 자체였다고 할 수 있습니다.

어른들은 묻습니다. 친구가 그렇게 중요하고, 친구들 사이의 존재감이 그렇게 의미가 큰가 하고요. 친구를 왜 꼭 만나야 하는지조차 이해하지 못하는 경우가 많습니다. 그러니 아이들의 걱정에 공감하기 힘들고 더 많이 다투기 시작했던 것이죠.

'친구가 없으면 살고 싶지 않아요'

한 아이가 그러더군요. 배고픔은 참을 수 있지만 외로움은 견디기가 어렵다고요. 여러분은 어떤 것이 더 견디기 힘든가요? 배고픔인가요, 외로움인가요?

아이들은 '외로움'이라고 답합니다. 그래서 코로나가 더 힘들었다고 합니다. 친구는 그야말로 제2의 가족이고 외로움을 사라지게 해줍니다. 그런 친구가 없으면 살고 싶지 않을 정도로 괴롭다고 하지요.

그런데 어른들에게 친구란 형제가 대신할 수 있었고, 가족 다음의 존재이기에 아이들과 공감대를 형성하기 어렵습니다. 친구를 하나의 조건이나 도구로 보는 견해가 많지요. 그래서 아이들이 정말 듣기 싫은 소리를 합니다. 친구를 만나면 돈이 나오냐, 친구가 밥을 주느냐 하면서요. 그러면 아이들은 부모가 정말 돈, 밥만 생각하는 나쁜 인간이라는 느낌까지 받지요.

아이들에게 친구란 있으면 좋은 것이 아니라 없으면 안 되는 필수적인 요소, 조금 과장하면 산소 같은 존재임을 이해해야 합니다.

자신을 보호하는 울타리, 친구

요즘 아이들에게 친구는 사회적 경험의 핵심이고 친구 집단이 자신을 보호하는 울타리입니다. 유명한 정신과의사 해리 스택 설리반Harry Stack Sullivan은 이 친구 집단이 없다면 청소년기 건강을 보장할 수 없다고 말했지요.

아이들에게는 친구가 있는 학급이라는 조직도 엄청난 심리적 안전기지입니다. 그런데 코로나로 인해 학급이라는 소속감이 붕괴되기 시작하니까 심리적 안정감이 낮아졌습니다. 가족과 학급이라는 양대 조직이 자신의 존재가 소속된 곳인데, 그중 한 부분이 떨어져나가는 것입니다. 결국 심리적 불안이 커지고, 만일 그 조직에서 자신의 존재감이 낮아지거나 심지어 사라진다면 과격하게는 '죽어도 좋다, 살 의미가 없다'라고까지 말하는 아이들이 있습니다.

어른들은 다양한 소속감을 가지고 있습니다. 그러므로 이런 느낌은 받지 못할 것입니다. 하지만 요즘 아이들의 생활에서는 소속감을 느낄 수 있는 사회적 조직이 별로 없습니다. 종교, 고향, 가문, 취미와 관련된 조직에는 자신이 소속되었다고 느끼지 않기도 합니다. 학교 다음으로 가장 많은 시간을 보내는 학원에서도 아이들은 거의 소속감을 느끼지 않는다고 합니다.

외로움을 달래줄 소속감

아이들이 말했듯이 외로움은 핵심적인 정서적 아픔입니다. 그러므로 아이들의 외로움을 달래줄 소속감은 정말 중요한 이슈입니다. 우리는 아이들의 존재감을 높이기 위하여 아이들이 소속될 수 있는 공동체를 확대해 주어야 합니다. 더 자주 교류하고, 작은 공동체와 더 깊은 연대감을 형성하고, 아이들이 위로받을 수 있고, 자신이 연결되었다고 느낄 수 있는 조직을 주변에 만들어야 합니다.

또한 친구의 중요성을 이해하고 인정해 주어야 합니다. 친구네 가족과 교류를 확대하는 등의 방법으로 아이들의 친구 관계가 더 안정적으로 유지되도록 도와야 하는 것입니다. 친구는 정말 제2의 가족이 되었습니다. 이를 무시하지 않고 친구들과의 좋은 관계를 권장해야 합니다.

교사나 부모는 외로워진 아이를 어떻게 도와줄까요?

첫째, 아이들의 외로움을 인정하고 이해하고 받아주세요.

많은 부모님들이 아이에게는 가족의 사랑으로 충분하고 친구를 포함한 사회적 관계를 부차적이라고 생각하는 경향이 있습니다. 그래서 친구가 밥을 주냐 돈을 주냐 하면서 외로움이라는 상처를 덧나게 합니다. 그럴 필요는 없습니다. 아이들에게 친구가 소중하다는 사실을 인정해 주고, 코로나로 인해 친구들을 만나지 못한다는 데서 오는 외로움을 받아들여 공감해 주세요.

둘째, 아이들이 성장해 가는 동안 친지, 종교 집단 등과 다양한 교류를 하며 자라도록 해주세요. 한마디로 아이들의 소속감을 늘려주라는 뜻입니다. 바쁜 중·고교생이라 해도 주말에는 가끔씩 확대가족을 포함해 다양한 소속의 발판을 제공해 주세요.

셋째, 아이의 친구를 존중하고 환대해 주세요.

내 아이의 친구는 다 같은 우리 아이들입니다. 아이에게 친구는 삶의 안전기지이기도 합니다. 아이가 친구를 소중히 하는 마음을 지지해 주고, 친구 또한 존중해 주세요. 어떤 친구인지도 알아봐 준다면 좋습니다. 내 아이와 함께하는 좋은 친구들은 우리 가족에게도 큰 힘이 됩니다.

코로나 시대, 아이들 마음속 가장 큰 스트레스는 외로움, 그리고 관계의 결핍, 가족 같은 친구들과의 문제였습니다. 아이들의 이런 마음을 알아주고, 친구 관계의 지지자가 된다면 아이들은 부모에게 더 깊이 고마워할 것입니다. 물론 아이들이 좋아하는 부모님이 될 테고요.

02
잔소리와 자율성은 반비례한다

퇴행과 진보의 기로에 선 아이들

"침대에 누워 있으면 앉으라고 하고, 앉아 있으면 스마트폰 보지 말라고 하고, 스마트폰 보지 않으면 멍 때리면서 뭐 하냐고 하고, 책을 꺼내 보면 잠시 뒤에 아까 보던 페이지를 30분째 보냐고 해요. 그래서 제발 관심 좀 끊으라고 하면 부모가 어떻게 관심을 끊냐고 소리치고, 결국 빡쳐서 소리 지르고 산책이라도 하러 나가려고 하면 이런 잔소리를 부모가 아니면 누가 하냐고 하고……. 이렇게 살아서 어떡할 거냐고, 어딜 가냐고, 이러는 게 반복이에요. 정말 고역이에요. 이러다 코로나가 사람 죽이겠어요."

— 아이들과의 상담 중에서

장기간 집에 머물던 아이들의 속마음은 어땠을까요?

"손은 씻었냐? 마스크는 왜 그렇게 쓰냐? 스마트폰 안 하지? 마스크 안 쓰면 민폐다! 스마트폰 아직도 보고 있냐? 너 정말 어쩌려고 이러니?" 아이들은 가뜩이나 집에서 답답한데 이런 잔소리를 듣는 게 더 괴로웠다고 합니다. 무한반복 도돌이표처럼 지겨웠다고 하면서 말입니다.

부모님 입장에서는 여러 이유로 아이들이 반듯하게 행동하고 올바른 위생수칙이 습관이 되도록 지도해야 했을 것입니다. 하지만 아이들은 평소보다 잔소리를 더 많이 듣고 금지를 더 많이 당하는데다 사회적으로 규제를 받으니 정말 힘들었다고 합니다.

영국을 포함한 몇몇 나라의 아동정신건강 실태 조사에 따르면 초등학교에서는 남학생들이 더 힘들다는 호소를 많이 했다고 합니다. 부모님의 잔소리는 늘고, 나가 놀 수 있는 시간은 줄어서라는 게 그 이유입니다. 이 시기는 특히 해가 질 때까지 밖에서 실컷 놀 수 있는, 어찌 보면 인생의 유일한 시절입니다. 그런데 이를 못 하게 된 것입니다.

지나친 잔소리의 부작용

좋은 생활 습관을 만들어주기 위해 훈육 차원의 잔소리를 하는 것은 동서양을 막론하고 부모의 중요한 임무라고 생각합니다. 하지만 이것도 적당한 시기에 적당한 수준으로 해야 약이 됩니다.

자라는 아이들에게 잔소리가 지나치면 부작용이 생깁니다. 부모님에 대한 아이들의 반감도 커지지만 다른 문제도 있습니다. 아이는 자신이 그런 잔소리를 들을 수밖에 없는 어린아이가 된 느낌을 받으니까요. 부모가 생각한 것과는 정반대의 결과입니다.

바른 사람으로 자라라고 잔소리를 했는데, 더 아기같이 생각이 없어지고 퇴행하는 것입니다. 뭐든 시켜야 하고, 안 시키면 안 합니다. 생각도 없는 것 같아서 왜 아무 생각도 안 하냐고 하면 생각은 엄마가 하는 것 아니냐고 되묻습니다.

유명한 소아과의사이자 아동정신분석가였던 도널드 위니캇은 아이의 자율성을 침범하는 잔소리는 거짓 자기를 만들 뿐 아니라 아이 스스로 자신을 믿는 자신감, 스스로 해내는 자기주도성을 잃게 만드는 행위라고 했습니다. 또한 잔소리는 자율성을 추구하는 청소년들에게 높은 반감을 사서 오히려 반대되는 행동을 하게 만드는 충동을 강화할 수도 있습니다.

이렇듯 지나친 잔소리는 퇴행을 일으킬 수도 있고 의존심을 강화하기도 하고 자율성을 침범하는 느낌을 주어서 반항행동을 증가시킬 수도 있는 부작용이 있습니다.

위생수칙 등 많아진 규칙

아이들에 의하면 집보다 밖에서의 생활이 더 힘들었다고 합니다. 코로나 시대, 기침이라도 하면 사람들이 쳐다보고, 조금 열이 난다고 하면 빨리 집에 가라고 합니다. 오랜만에 등교를 해도 가림막에 둘러쌓여 있고, 아이들과 이야기를 할 때도 마스크 밖으로 목소리를 키워야 합니다. 그러다 보면 선생님께 혼나기도 하지요.

어떤 아이는 "너 한 명이 규칙을 어기고 더럽게 생활하면 우리 반 전체가 감염될 수도 있다"라는 말이 너무 힘들었다고 합니다. 정말로 큰 부담이 느껴지는 말입니다. 이런 이유로 마스크를 쓰고 사람들과 거리를 두면서 지내는 바깥 생활도 힘들었다고 합니다. 그래서 집에서는 조금 더 편안히 지냈는지도 모릅니다. 그런데 집에서도 잔소리를 너무 많이 들으니 짜증이 날 수밖에 없습니다.

조지 오웰의 소설 『1984』처럼 빅브라더의 감시하에 금지와 통제에 기반한 사회에 사는 느낌을 받았다는 친구도 있었습니다.

훈육보다 공감이 먼저다

현재도 감염병 심각 단계는 유지되고 있습니다. 다시 말해 전쟁과 같은 상태에 비상벨이 계속해서 울리는 시기인 것입니다. 이때는 경각심이 높고 예민합니다. 그러니까 어딘가에서는 안식과 평안, 편안함을 제공해 줄 필요성이 있습니다. 그런 곳을 우리들은 '가정'이라고 생각합니다.

그런 가정이 전투가 벌어지는 거리 같다면 어떨까요? 잔소리가 너무 잦고 위생수칙에 대한 강조가 지나치면 아이들의 스트레스는 높아지기만 하고, 마치 진짜 전투를 하듯이 돌변하여 싸우게 될 것입니다.

가정에서는 모두가 조금 더 편안하게 보낼 수 있도록 하는 편이 좋습니다. 이 금지와 통제의 시대를 2년째 보내고 있는 가족 구성원들이 서로 보살피고 격려해 주는 분위기가 우선 형성되어야 합니다.

한마디로 훈육보다 공감이 먼저입니다. 손 씻기, 마스크 쓰기 등은 지금까지 잘 해왔다고 격려하고 칭찬하는 식으로 긍정적 접근을 하는 편이 더 효과적입니다. 가정에서 부모님까지 호루라기를 불며 아이들을 통제하는 분위기를 만들 필요가 없습니다.

위생수칙 습관 길들이기

우리나라처럼 마스크 쓰기와 손 씻기를 잘하는 나라는 흔치 않습니다. 방역만큼은 거의 최고 수준, 특히 뉴질랜드, 한국이 탁월하게 잘하고 있다고 합니다. 우리 아이들도 마찬가지입니다.

첫째, 긍정적 접근을 해야 합니다. 자부심에 기반해서 규칙을 자발적으로 지키도록 도와주세요. 부정적으로 접근하여 혼내면서 잘 지키지 못하는 부분을 크게 끄집어내서 아이의 자존감을 낮추는 방식으로 접근하지 마세요. 결과적으로 어린아이가 된 것 같은, 퇴행되는 듯한 느낌을 갖지 않게 해야 합니다. 잘하고 있다고 말해주면 더 잘할 수 있습니다.

둘째, 반드시 지켜야 하는 규칙을 강조하는 것도 중요하지만, 그만큼 규칙을 준수하는 행위가 모두에게 얼마나 중요한 의미를 지니는지 설명해 주세요. 그것이 더 자발적으로 규칙을 지킬 수 있도록 도와줄 수 있습니다.

마스크 쓰기를 지킴으로써 감기부터 코로나까지 예방이 잘 되고 있다는 사실, 마스크를 잘 쓴 모임과 그러지 않은 모임에서 집단감염의 차이가 크다는 사례 같은 이야기를 하면서 규칙의 중요성을 강조해 주세요. 의미를 알게 되면 자율적, 자발적으로 규칙을 더 잘 지킬 수 있습니다.

홍보회사 BIT^Behavioral Insight Team는 '백신 접종을 높이는 가장 좋은 홍보 방법은 무엇일까'에 관한 내용으로 영국, 미국 등에서 시민을 상대로 여론조사를 했습니다. 그랬더니 백신 접종을 해야 하는 가장 중요한 이유를 '사랑하는 가족을 보호하기 위하여'라고 홍보했을 때 백신 접종을

하겠다는 사람이 가장 많았다고 합니다.[1]

백신 접종은 가족을 사랑하는 행위와 같다고 말한 홍보는 적중해서 백신 접종률이 실제로 높아졌습니다. 미국은 이 메시지를 중심으로 백신 접종 홍보를 하여 접종률이 현저히 늘어나고 있다고 합니다.

셋째, 칭찬과 격려는 훨씬 효과가 큽니다. 코로나 시대에 아이들 마음속 스트레스가 큽니다. 늘어난 잔소리, 훈육이라는 꾸지람은 마치 가랑비 같은 스트레스라고 합니다. 옷이 흠뻑 젖을 만큼 잔소리를 들어 괴롭다는 아이들의 이야기에 귀 기울이고 더 좋은 방식으로 자신의 태도를 바꿀 계기를 마련하면 좋겠습니다.

그동안 위생수칙을 잘 지켜주어서 고맙고, 그렇기 때문에 오늘부터 무한반복 도돌이표 노래는 끝났다고 해주세요. 아이들은 부모님께 깊은 고마움을 느낄 것입니다. 또한 규칙의 의미를 이해하고 자부심을 가지고 규칙을 더 잘 준수할 것입니다. 이렇게 좋은 습관이 몸에 배도록 도와준 부모님을 아이들은 더 좋아할 것입니다.

자기주도적으로 계획을 세우도록 도와주기

'혼자서도 잘 할 수 있다'라는 말이 무서워요

"갑자기 학교를 안 가게 되니 머리가 휑했어요. 혼자 공부해라, 계획을 세워서 하면 된다고 하니 마음이 답답하더라고요. 혼자 공부를 해본 적이 없어서요. 집에서는 더 어렵지요. 집은 원래 공부하는 곳이 아니라 자고 쉬고 먹고 노는 곳이잖아요. 갑자기 방이 교실이 된 것처럼 하라고 하면 그게 되나요? 혼자 다 잘할 수 있으면 학교를 왜 다녀요? 놀기만 하지 않고 잘 했으면 하는 부모님 마음은 알겠어요. 하지만 그게 갑자기 되나요. 부모님의 기대가 너무 큰 것 같아요. 지키지 못할 게 뻔한데 계획만 많이 세우니 매일매일 목표 달성에 실패만 하고 살아요. 왠지 바보가 된 것 같아요. 부모님도, 나도요."

— 아이들과의 상담 중에서

불규칙적인 생활을 하는 아이들의 속마음은 어떨까요?

규칙적인 생활. 말은 쉽지만 참 어렵습니다. 초등학생부터 고등학생까지, '규칙적으로 생활하라'는 명제를 지키기 위해 지금 발버둥을 치고 있습니다. 한 주 가고, 한 주 쉬고, 월화수 가고, 목금 쉬고, 그다음 주는 월화수 쉬고, 목금 가고, 그러다 확진자가 생기면 다시 2주 정도는 일체 학교에 가지 않고 하면서요.

어떤 고등학생이 저에게 이런 말을 하더군요.

"생명이 짧아질 것 같아요."

"왜?"

"제가 지금 교대 등교 학생이거든요"

"?"

"교대 근무하는 사람은 평균수명이 더 짧다는 뉴스도 못 봤어요?"

일상이 불규칙적이라는 게 아이들에게 이렇게 힘들다는 점을 보여주는 대화였습니다.

요즘 아이들 사이에서 평균적인 학생과 모범적인 학생의 기준은 이렇게 바뀌었다고 합니다.

"일찍 깨서 원격수업 출석 체크하고 대부분의 친구들은 다시 침대로 간대요. 아주 모범적인 아이들은 10시에 일어나서 움직이기 시작하고, 저 같은 보통 아이들이 12시쯤 일어나서 움직이고요. 대책 없는 애들은 오후 3~5시에 일어나서 기지개를 켠대요."

저에게도 고등학교 2학년 아들이 있습니다. 아이가 12시쯤이나 되어야 일어나 움직여서 마음이 정말 불편했는데, 이 친구의 증언으로 인해 '와, 우리 아들이 그래도 보통 그룹에는 드는구나' 하면서 안심했던 적이 있습니다.

어떤 부모님은 원격수업을 듣는 아이에게 이런 이야기를 한다고 합니다. "아빠가 고등학교 때 배운 '신독愼獨'이라는 말이 있다. 조선시대 선비들이 중요하게 여긴 『대학』과 『중용』에 나오는 유명한 문구지. 홀로 있을 때도 삼갈 줄 알아야 한다는 뜻이야. 너도 그래야 하는 거야, 알겠어?"

혼자 있을 때도 잘할 수 있다면야 좋지만 사실 혼자 있으면 외롭고, 규칙대로 하기는 더 어렵고, 무엇을 어떻게 해야 할지 모르겠다는 아이들이 훨씬 많습니다. 차라리 학원을 가거나, 학원이 끝나면 바로 다음 학원을 가는 식으로 시간표가 짜여져 있으면 낫다고 말하기도 합니다. 시간에 맞춰 움직이면 되니까요.

요즘 아이들에게 '스스로 알아서 하기'란 너무 어렵습니다. 아주 어릴 때부터 어른들이 빈틈없이 시간표를 짜주었기 때문입니다.

군대처럼 꽉 짜인 조직 생활을 해오던 사람에게 갑자기 자유를 주면 더욱 힘들어하고, 무료해하며, 주체성이나 주도성을 발휘하지 못하기도 합니다. 이를 정신의학에서는 '시설 증후군Institutionalized synrome' 혹은 '기관의존 증후군'이라고 합니다.

우리 아이들 중에도 그런 아이들이 많습니다. 아이들은 흥미에 따라 스스로 계획하고 질문에 답을 만들어 가며 학습해 가기보다는 국가의 계획, 학교의 진도, 학원 선행 혹은 보충, 모의고사, 중간고사, 기말고사에 맞추어 지내왔습니다. 이런 아이들에게 갑자기 '스스로 해봐라'라고 한다면 마치 사막에 던져진 느낌이 들지 않을까요?

아이들의 당혹감은 굉장히 큽니다. 지금도 아이들은 원격수업을 하면서 하루 종일 집에 있을 때 비슷한 느낌이라고 합니다.

혼자 있는 시간을 성숙하게 보내기 힘든 청소년

혼자 지내면서 온전히 공부에 집중하기란 정말 어렵습니다. 집에서는 더욱 그렇고요. 침대와 냉장고, 스마트폰이 옆에 있는데 원격수업에 맞추어 완벽하게 학습에 적응한다는 것은 지나치게 이상적입니다. 우리가 아이들에게 그런 것을 바라는 셈입니다.

스마트폰이나 노트북 혹은 컴퓨터에는 유혹도 많습니다. 게임을 하면서 원격수업을 틀어놓는다는 친구도 있고, 채팅을 하면서 듣거나 혹은 틀어만 놓고 화면은 끄둔 채 그냥 하고 싶은 것을 한다는 친구도 많습니다.

2020년 한국의학한림원에서 나온 청소년 대상 조사를 보면, 온라인상에서 게임, 도박, 성인 동영상 시청이 모두 늘었습니다. 자살 충동도 마찬가지로 늘었다고 합니다.

청소년은 고독한 시간을 충분히 성숙하게 사용할 수 있는 성인과 다릅니다. 아동이나 청소년은 혼자 집에 있다는 것 자체가 어렵고, 그 시간에 원격수업으로 공부를 충실히 하기도 어렵습니다. 자연히 지속적으로 외로움과 두려움을 달랠 수 있는, 더욱 몰입하기 쉬운 것들을 찾게 마련입니다. 또한 이 시기에 원격수업으로 하는 것이 재미없고 어려워지면 집중에 실패할 가능성이 높습니다.

신경건축학을 전공하는 연구자들도 집이 공부하기 적당한 곳이라고 생각하지 않는다고 합니다. 모든 공간은 우리 인지에 태그, 즉 꼬리표를 붙입니다. 그런데 집에서 하는 공부, 학교에서 하는 공부에는 이미 머릿속에 다른 꼬리표가 붙어 있습니다. 그래서 더 집중이 어렵습니다. 그러니까 자꾸 딴짓을 하고 싶은 마음이 듭니다. 집에서 원격수업에 전념하지 않고 한눈을 파는 데에는 이러한 생리적 이유가 있는 것이지요.

어느 정도 시간이 지나 '코로나 시대에는 내 방이 교실이다'라고 머릿속 꼬리표가 바뀌기 전에는 혼자 하는 공부가 쉽지 않습니다.

자기주도성을 향상시키기 위한 단계적 접근

첫째, 혼자 하기의 어려움을 이해해 주는 것이 제일 중요합니다. 혼자라고 못 할 게 뭐냐고 기대하고 강요하기보다는 혼자 한다는 게 얼마나 생산성이 낮고 어려운지 공감해 주세요.

둘째, 아이의 공간이나 방이 재택근무자의 책상처럼, 학교의 교실처럼 세팅이 될 수 있도록 시간표나 조명, 책상 위 도구들을 바꾸어주세요. 아이들의 공간과 시각적 장면을 개선하고, 냉장고 앞에 포스트 잇 붙이기 등 적합한 장치를 마련하면 조금이나마 혼자 공부하는 공간이나 원격수업에 적응하기 쉬워집니다.

셋째, 무리한 계획을 세우지 말고 실행 가능한 계획을 해야 합니다. 무리한 계획을 짜면 끝까지 낑낑대고 해내는 아이들도 있습니다. 하지만 이런 아이들은 안타깝게도 이미 훈련된 소수에 불과합니다. 대부분은 포기하고 말지요. 그리고 그 고통을 잊기 위하여 다른 곳으로 이탈하게 마련입니다.

조금 노력하면 성취할 수 있을 만한 적절한 계획을 짜고, 아이들이 성취감을 맛보도록 도와주세요. 계획을 짜고 목표에 도달하는 아이가 주도적인 아이로 성장합니다. 계획 짜는 법도 제대로 배우게 되고, 목표에 도달하는 법도 배우게 되고, 그리고 성공하는 법을 알게 됩니다.

코로나 시기에 더욱 실패가 늘고 낭패감을 호소하는 아이들이 많습니다. 모두 무리한 계획 속에서 실패하고 딴짓을 해서 혼나고, 뭐든 하다 마는 아이라는 자기 정체성을 갖는 과정에 있는 아이들입니다.

코로나 시대는 우리 스스로에게 여러 도전 과제를 줍니다. 이 시기에 혼만 내고 실패를 경험하게 해서 아이에게 낭패감을 주느냐, 아니면 자기주도성을 향상시키고 스스로 하는 능력을 높일 것이냐는 절반 정도는 부모님의 관점과 기회창출 능력에 달렸습니다.

어려움을 이해하고, 관점을 바꾸고, 훈육의 원리를 새로 설정하여 적절한 계획 짜기, 목표 완수, 성공 경험, 자기 주도성 형성에 도달하는 현명한 부모님이 되시길 바랍니다.

상처투성이 코로나 세대

코로나로 포위된 병원에서

반복된 검사를 받으며 태어나서

가족도 충분히 만나지 못하고

햇볕도 충분히 쬐지 못하고

오직

독박육아 속에서 지내면서

마스크 쓴 얼굴만 실컷 보며 자라서

표정을 잘 읽지 못하며

면역력도 낮고

분리불안도 더 높고

그 어두운 상처를 고스란히 안고

자라날 세대가

코로나 세대이다

학력이나 질병이 아니라

여러 아이들의 보편적 어려움에 대한

국가나 사회의 특별한 도움과 배려 없이

이 세대의 어려움이 사라지리라고 예단을 해서는 안 된다

예방보다 더 중요한 앞선 적극적 조치가 필요하다

영유아부터 겪은 코로나의

보이지 않지만 깊이 스며든 영향에 주목해야 한다

코로나 세대들이 경험하지 못한 것들

코로나 세대들이 배우지 못한 것들

코로나 세대들의 불안과 우울에 대하여

바이러스에 감염되지 않았다 하더라도

겪게 되는

포스트 코로나 증후군,

롱 팬데믹 증후군에 대해

사회는 함께 고통을 나누어야 한다

04

스스로 잘 크고 있다는
마음이 들도록 격려하기

놀고먹는다는 말에 상처받는 아이들

"맨날 이러고 살다 어쩌려고 그러느냐는 소리, 지겨워 죽겠어요. 나름 할 것도 하고, 이런저런 노력도 하고 그런단 말이에요. 키도 컸고 마음 도 컸어요. 감염 안 되려고 마스크도 열심히 쓰고 다니면서 할 것 다 하는데…… 왜 마치 아무것도 안 한 것처럼 이야기하는지 모르겠어 요. 그런 말을 들으면 내 기분이 어떤지는 왜 생각하지 않죠?

괴로워요. 하나도 안 컸다, 자라지 않았다, 그런 말이 나한테 얼마나 충격인지 모르는 것 같아요."

— 아이들과의 상담 중에서

코로나 시기 아이들이 가장 속상했던 말

"놀면서 집콕 하니 정말 좋겠다."

"이렇게 공부 안 하고 놀기만 해서 어쩌냐."

"스마트폰 하느라 하루가 가는 줄 모르네."

이런 이야기는 사실 아이들을 더 힘들게만 합니다. 비아냥대는 어조로 이런 말을 하면 아이들은 상심합니다. 부모님이나 다른 어른이 자신의 마음을 알아주기는커녕 더 상처를 준다고 생각합니다.

"아무것도 하는 게 없다"라는 말은 가장 속상하다고 합니다. 아이들은 코로나 시기에도 이것저것 신경을 쓰면서 무언가를 시도하고 있는데, 부모님 눈에 '근면, 성실, 최선'이 눈에 확 띄지 않는다는 이유로 비난받는다고 생각합니다. 그래서 더욱 성취한 것이 없다는 느낌에 매몰됩니다.

아이들은 하고 싶어도 할 수 없는 일이 많았다

요즘 아이들은 하고 싶어도 할 수 없는 것들이 많습니다. 그 이유는 가고 싶어도 갈 수 없고, 배우고 싶어도 배울 수 없는 상황 때문입니다.

학교를 가지 못하니 공부도 할 수 없지만, 친구도 만나지 못합니다. 그래서 친구들과 함께 배울 수 있는 것을 배우지 못하고 있습니다. 사회적 경험, 사회적 학습의 기회가 현저히 줄어든 것입니다. 흔히 그 나이 또래에 배우는 예절과 집단생활에서의 규범도 경험하지 못하고 있습니다.

꼭 학습과 관계뿐만이 아닙니다. 코로나만 아니었다면 체육대회, 수학여행, 발표회, 입학식 및 졸업식, 다양한 동아리 행사 등도 경험했을 것입니다. 그런데 이런 생활을 모두 하지 못하면서 지내고 있습니다.

어른들은 이미 2020년에 초등학교, 중학교, 고등학교, 대학교에 입학한 1학년들이 학습이나 경험, 문화 체험 면에서 모두 부족하다고 우려했습니다. 아이들은 우려 수준이 아니라 분노 수준입니다. 새로운 공간에서 친구, 공부, 활동 모든 것을 한층 더 높은 수준에서 할 수 있을 줄 알았는데 기대가 무너졌습니다. 새로 무언가 해본 적이 없기에 자신이 달라졌고, 성숙해졌고, 성장했다는 느낌이 없다고 합니다.

그렇지 않아도 속상한데, 부모나 어른은 자신이 마치 코로나로 인해 호의호식하는 것처럼 이야기합니다. 그러면 화가 나고 버럭 소리도 지르게 됩니다.

진짜 성취는 성적이 아니라 행복

아이들은 코로나로 인해 지구가 멈추는 것을 보았습니다. 영화에서만 보던 일이 실제로 일어났다는 사실이 충격이라고 아이들은 말합니다. 그럴 만도 합니다.

전쟁 이후 가장 오랫동안 학교에 가지 않고 집에서만 머문 지금의 아이들은 또 다른 재난을 겪은 세대입니다. 부모 세대가 겪어보지 않은 감염 재난으로 인해, 이 어린 세대들은 '전염병으로 죽을 수도 있구나' '사회가 멈출 수도 있구나' '이렇게 단절될 수도 있구나' 하는 생각과 느낌을 경험했습니다.

영화는 영화일 뿐, 현실과 다르다고 생각했는데 그 일이 실제로 일어난 것입니다. 이런 세상을 보며 아이들은 어떤 감정을 느꼈을까요?

철학자 스피노자가 그랬다지요. '지구가 내일 멸망할지라도 나는 한 그루 사과나무를 심겠다'고요. 그 심정이 이전에는 전혀 이해되지 않았는데 지금은 약간 알 것 같다는 아이들도 있습니다.

여러분은 어땠나요? 아이들처럼 공포감이나 허무함을 느꼈다면 아등바등 공부하고 성공에 매여 사는 인생을 한 번 돌이켜보지 않았나요? 가족의 행복과 인생의 소중한 소망을 이루고픈 생각이 들지 않았나요? 무언가에 매달려 자신을 잊고 살아가는 인생이 마음에 드시나요?

코로나는 적어도 중·고등학생들에게 위기감, 두려움 등 복잡한 심경을 안겨준 것이 틀림없습니다. 공허감과 허무함을 이야기하는 아이들도 있습니다. 이런 아이들에게 성적을 외치면 아이들은 진짜 아무것도 이룬 게 없어집니다. 그뿐 아니라 아주 곤혹스런 감정, 재난 속에서도 성적이 가장 중요한 목표라는 비애감, 비인간적 느낌을 갖게 됩니다. 이로 인해 성취와 성장의 느낌이 아닌 좌절을 경험하고 슬픔에 빠질 가능성이 큽니다.

무기력해진 아이들, 어떻게 도와줄까요?

여러 지표들은 코로나 시기 아동·청소년의 정신건강 악화를 시사하고 있습니다. 걱정하고 대책을 수립해야 한다고 외치고 있는 것이나 다름없습니다.

아이들은 더 우울해지고, 사회성이 부족해지고, 자신의 미래를 걱정합니다. 그리고 자신이 성장하고 발전한다는 데 대한 자신감도 떨어지고 있습니다. 그러므로 어른들의 적극적인 격려와 도움이 필요합니다.

아이들도 여러 걱정을 하면서 코로나 시대를 함께 겪고 있습니다. 절대로 스마트폰만 갖고 노닥거리면서 아무 생각 없이 덩치만 커지지 않았습니다. 덩치만 커지면서 머리는 텅 비었다는 부모님들의 흔한 말이 아이들의 자기예언이 돼서는 안 됩니다.

그렇다면 아이들은 무엇을 했을까요?

첫째, 아이들은 코로나 시대 잘 견디고 있습니다.

둘째, 아이들은 코로나 시대 위생수칙을 준수하고 학교와 가정에서 요구하는 것들을 기본 이상으로 잘 해내고 있습니다.

셋째, 아이들은 코로나 시대에 자신의 할 일을 찾고 있고 미래를 걱정하고 있으며 새로운 계획을 세우고자 하고 있습니다.

기본을 지키며 가족과 잘 지내고, 보통 혹은 그 이상으로 노력하고 있는 아이들은 분명히 크고 있습니다. 그리고 깨닫고 배우고 있습니다. 부모의 불안을 아이들에게 전달하여 아이들마저 불안하게 하는 게 제일 걱정스럽습니다. 그러니 이렇게 말해주세요.

첫째, "코로나 시대에 걱정이 많았을 텐데 잘 커주고 있으니 고맙다."

둘째, "원격수업이나 불규칙한 학교 일정 때문에 힘들 텐데, 그래도 최대한 성실히 하려고 애써주어서 고맙다. 혼자 잘한다는 것은 정말 어려운 일이란다."

셋째, "이런 재난으로 인해 너도 충격이 클 텐데 우울하거나 불안하지는 않은지 모르겠다. 네 마음은 어떠니?"

넷째, "처음에는 여러 가지로 힘들었을 텐데 네가 적응을 잘 하고 있는 것 같아 안심이다. 앞으로도 잘 해주었으면 좋겠다"

다섯째, "힘든 일도 많고, 배우는 것도 적고, 걱정이 많을 것 같구나. 혹시 부족한 것, 하고 싶은 것을 하려는데 어려운 문제가 있으면 언제든지 말해주면 좋겠다."

보살핌과 이해, 격려가 이 시대의 어린이, 청소년에게 필요합니다. 물론 이 과정을 잘 견디고 함께해주는 부모님들도 격려와 이해가 필요합니다. 우리 모두가 서로 격려하고 이해하고 포용하는 것이 필요한 시대입니다.

아이들이 스스로 잘 크고 있다는 느낌, 어려운 시대인데도 불구하고 성취하고 있다는 느낌이 마음 한가운데 안정적으로 뿌리 내릴 수 있도록 도와주시길 기대합니다.

05

스마트폰, 가족회의로 조절하기

많이 할까 봐 걱정, 많이 한다고 잔소리해서 짜증

"지겹게 잔소리 들었어요. 스마트폰 치워라, 그만 해라, 너무 일찍 사준 것 같다, 스마트폰 때문에 애를 망쳤다……. 평소보다 더 많이 하는 것은 맞아요. 할 게 없으니까요. 친구들과 못 만나니까 연락을 스마트폰으로 하잖아요. 그래서 더 보게 되고, 또 재밌는 건 다 스마트폰에 있잖아요. 스마트폰 안 하면 또 뭘 해요? 다른 애들도 다 하고 스마트폰 아니면 할 것도 없는데……. 공부해라, 책 봐라, 그러는데 그건 실컷 했단 말이에요."

— 아이들과의 상담 중에서

코로나 이후 가장 많이 한 잔소리는?

"스마트폰 그만 해라." 이 말이 가장 많이 한 잔소리 아닐까요? 혹시 여러분도 자녀에게 '너는 스마트폰 중독자'라고 몰아붙인 적이 있나요?

코로나 시기를 겪으며 아이들의 스마트폰 사용 시간이 늘어난 것은 사실입니다. 학교의 연락도, 친구들끼리의 연락도 모두 스마트폰을 통해 이루어지니까 스마트폰을 켜놓고 지내는 시간이 길어졌지요.

학교나 학원도 가지 못하게 되면서 빈 시간이 생기기도 했습니다. 그럴 때마다 당장 뭔가 새로운 할 일을 마련하기가 어려웠습니다. 그 이유는 그동안 아이들로 하여금 오직 공부에만 집중하도록 패턴을 꾸려왔기 때문인 경우가 많습니다.

집에 오래 머무르게 되었을 때 아이들과 함께할 만한 일은 무엇이 있었나요? 함께 논밭에 나가 일을 하는 집도 드물고, 공장에 나가서 일을 하는 집도 드물고, 가게에 나가서 부모님을 돕는 집도 드뭅니다. 대부분 아이들은 부모님을 도와 집안일을 해본 경험도 거의 없습니다.

아이들은 그저 집에서 공부를 하거나 책을 읽거나 간혹 집안일을 조금 돕는 게 전부입니다. 나머지 시간은 혼자 공부하거나 책을 읽거나 하는데, 외동아이든 형제가 있는 아이든 컴퓨터를 가지고 작업을 하거나 태블릿PC 혹은 스마트폰을 가지고 시간을 보냈습니다.

그중 스마트폰은 강력한 유혹의 매체입니다. 대화도 할 수 있고, 게임도 되고, 영상도 보고 음악도 들을 수 있습니다. 이런 도구를 곁에 두고 하지 말라는 부모님의 잔소리를 견딘다는 것은 어려운 일입니다. 그래서 아이들이 중독자라는 소리를 들어가면서도 집착의 손길을 떼지 못하는 것이지요.

금지는 상황을 더 악화시킨다

스마트폰에 대한 집착은 아이들의 생활과 시간의 구조화 문제에서 비롯됩니다. 할 일이 없고 재미없는 일이 연속되면 아이들은 스마트폰을 집게 마련입니다.

코로나가 가져다 준 가장 큰 숙제는 아이들이 집에서 머무르는 긴 시간 동안 부모님과 함께 혹은 아이들끼리 혹은 혼자서 자기 일을 해내야 한다는 것입니다. 이때 계획을 잘 짜서 해내는 자기주도 능력, 할 일을 만들어내는 능력이 요구되었습니다.

코로나를 겪으며 집안일을 많이 배웠다는 아이들을 여럿 보았습니다. 세탁기 사용하는 법도 배웠고, 빨래 개는 법, 요리하는 법도 배웠다고 합니다. 애완견 산책도 많이 시켰고, 가족끼리 캠핑을 가서 고기를 잘 굽는 법도 배웠다고 합니다. 그런 친구는 스마트폰 때문에 잔소리를 많이 듣고 부모님과 싸웠다는 이야기를 확실히 덜 합니다.

반면 하루 종일 스마트폰 문제로 싸웠다는 아이들은 대안이 없었습니다. 부모님은 공부해라, 그다음에 책 봐라, 좀 쉬었다가 다른 공부해라, 이러는 경우가 많았습니다. 신체활동을 좋아하는 아이들은 코로나 시기를 정말 힘들게 보냈는데, 이런 제안밖에 하지 못한다면 결국 몰래 게임을 하면서 욕구를 대리충족할 수밖에 없었을 것입니다.

집착이나 중독 문제를 해결하는 지혜는 금지에 있지 않습니다. 금지는 유혹과 속임수를 쓰고자 하는 충동을 낳습니다. 다른 쪽으로 관심을 전환시키고 더 긍정적인 일에 몰입하고 대체할 것을 찾아주는 데에 해법이 있습니다. 다양한 취미가 있는 친구들은 스마트폰 게임을 적절하게 조절할 수 있습니다.

빈곤했던 아이들의 활동

코로나로 인해 외출도, 여행도 어려웠습니다. 각자 공부하고, 스마트폰 보다가 멀뚱멀뚱 쳐다보는 생활이 재미없고 답답했다는 아이들이 많았습니다. 집에 있으면 숨 막히고 짜증나서 괴로웠다는 아이들이 하나같이 이야기합니다. 부모님은 공부해라, 책 봐라, 스마트폰 그만 해라, 이 말 외에는 할 말이 없는 로봇 같다고 말입니다.

코로나로 인하여 어쩔 수 없이 가족이 집에서 옴짝달싹 못 하는 상황에 스마트폰은 못 하게 하고, 공부하고 책 보라고 합니다. 그러면서 정작 부모님은 스마트폰, TV, 인터넷을 즐긴다면 아이들이 어떻게 생각할까요?

아이들의 스마트폰 집착이 한쪽 측면이라면 다른 측면에는 아이들과 함께할 수 있는 활동, 가족 문화가 궁핍했고 아이들의 생활력을 위해 가르친 것이 부족했다는 문제가 있습니다. 그게 문제의 본질입니다. 아이들과 함께한 일이 없으니 아이들은 공부 외에는 할 줄 아는 것이 없었던 것이지요.

스마트폰 문제를 해결하는 지혜

스마트폰 문제로 덜 싸우는 가족에게는 확실한 차별점이 있습니다. 정리해서 말씀드리면 다음과 같습니다.

첫째, 생활계획을 잘 짭니다. 공부하는 시간과 활동하는 시간을 적절하게 편성합니다. 무료하고 힘들지 않게, 비교적 잘 지킬 만한 계획을 짭니다. 대단하지 않더라도 아이들이 주도적으로 지킬 수 있게 말입니다.

둘째, 집안일을 포함해서 가족들이 함께하는 활동이 있습니다. 빨래하기, 빨래 개기, 강아지 산책, 채소를 같이 손질한다든지 하는 식으로 집안일을 나누어 하는 것입니다. 여기에는 생활력, 자립력을 키우고 가사분담을 가르치는 등 여러 가지 의미가 있습니다.

셋째, 아이가 부모님 일을 돕거나 집안일을 해서 용돈을 버는 경우도 있습니다. 용돈을 그냥 지급하는 것이 아니라 일을 해서 벌게 하는 것입니다. 이를 '홈 알바'라고 부르기도 하더군요. 여기에도 장단점이 있겠지만 긍정적인 측면이 많이 보였습니다.

넷째, 스마트폰에 대한 규칙을 정하고 그 규칙을 잘 지키려고 모두 노력을 하고 있었습니다. 스마트폰 규칙은 아주 어려운 것은 아니었습니다. 예를 들면 다음과 같습니다. 가족 모두가 서로 존중하기 위해 밥 먹을 때, 화장실 갈 때, 공부할 때는 안 한다. 침대에 스마트폰을 가지고 가지 않는다. 잘 때는 스마트폰도 재운다. 초등학교 때까지는 부모님께 스마트폰 사용에 대한 점검을 받는다. 게임이나 영상물은 연령에 맞게 사용한다.

이때 부모님이 솔선수범하는 것이 중요합니다. 빌 게이츠나 스티브 잡스는 자녀에게 스마트폰 사용을 엄격하게 제한하고, 또 가급적 늦게 사용하라고 권장했다 합니다.

초등학생들이 스마트폰으로 여러 뉴스를 접하는 것을 걱정하는 부모님이 정말 많습니다. 그런 점에서 너무 일찍 스마트폰을 갖는 것은 충분히 우려할 만한 것 같습니다.

다시 말해, 스마트폰을 많이 하는 아이에게서 해법을 찾기보다는 스마트폰 아니면 할 것이 없는 우리 가족의 문화를 바꾸는 노력을 먼저 해야 합니다. 그것이 코로나가 우리에게 전한 메시지였다고 생각합니다.

공부해라, 다 했냐, 그러면 책 봐라, 그러고 나면 다른 공부해라, 다른 책 봐라……. 우리는 이런 소리만 반복하면서 아이들을 아무것도 할 줄 모르는 어른으로 키우고 있는지도 모릅니다. 그 결과가 어떻게 될지, 코로나는 경고해 준 것인지도 모르지요. 코로나가 아이들에게 풍요로운 삶을 되찾아주라고 한 것은 아닌가 싶기도 합니다.

06

균형 잡힌 생활로 몸 건강 되찾기

내 생애 최고의 몸무게, '움직이기가 싫어요'

"이렇게 될 줄은 몰랐어요. 나가기가 너무 싫어요. 애들이 쳐다보는 것도 싫고요. 엄마 말로는 다른 애들도 그렇다는데 전 정말 싫어요. 거울 속 내가 나 아닌 것 같아요. 괴롭고 죽고 싶어요. 그냥 바보 같아요. 처음에는 약간 조절하면 금방 빠질 줄 알았어요. 그런데 조절이란 것도 힘들고 하더라도 잘 빠지지도 않아요. 굶거나 운동을 많이 해야 한다는데 쉬운 건 하나도 없어요. 아이들이 이렇게 변한 나를 놀릴 것 같아요. 그런 생각을 하면 더 나가기 싫어요. 그래서 안 움직이니 더 뚱뚱해지고……. 아, 모르겠어요."

— 아이들과의 상담 중에서

마음만이 아니라 몸에도 이상이 오기 시작했다

코로나는 인류에게 계속해서 과제를 던지고 있습니다. 그중 하나가 비만과 신체 건강 악화입니다. 특히 아이들에게는 비만이 문제가 되고 있습니다. 대감염을 겪고 있는 부유한 나라들의 아이들은 비만도가 높아지는 위기를 겪고 있다는 것입니다.

원래는 겨울에 체질량 지수가 높아지고, 여름에 낮아지는 패턴이 일반적인데 현재는 계속 올라가기만 하고 있습니다. 인류가 측정한 이래 비만도가 가장 높은 상태로 측정이 되고 있다고 합니다. 여러분의 가정은 어떤가요?

다행히 매일 등교하는 아이들은 덜하다고 합니다. 등교하는 날이 적은 아이들일수록 비만도가 더 높습니다. 원래 비만은 유전적 요인, 행동적 요인, 사회적 요인의 영향으로 결정됩니다. 지금은 코로나로 인해 행동적 요인과 사회적 요인의 영향이 커져서 비만 가능성이 높아진 상태입니다.

등교를 하지 않는 아이들의 경우 활동량이 감소했을 뿐 아니라 체육 활동이 줄어들고 스크린 타임은 증가했습니다. 이로 인해 비만이 될 확률이 더 높아진 것입니다. 아동기 비만은 조기 신체 질환 증가에도 영향을 미치고, 아동기 대사 질환의 발병률도 높이며, 성조숙증을 포함한 다른 질병의 위험도 생깁니다. 아동기 비만은 성인기 비만을 예측하는 중요한 요인 중 하나이기도 합니다. 게다가 아동·청소년기 비만은 신체적인 문제만이 아닙니다.

신체 이상이 등교 문제, 사회성의 발달, 친구 문제로

키는 크지 않고 체중이 늘어난 아이들 중에서 초등 저학년 남학생들이 이로 인한 영향을 많이 받는다고 합니다. 이 시기 아이는 왕성한 신체활동에 기반해서 사교활동을 해야 하는데 비만이 이런 활동력을 낮추기 때문입니다.

이는 사회성을 떨어트리고 자신감을 저하시킵니다. 또래 아이들의 속도를 따라가지 못할 때 받는 스트레스도 큽니다. 영국의 한 아동 조사에서는 초등 저학년 남자아이들이 비만으로 인해 받는 스트레스가 다른 조사군에 비해 높다고 나타나기도 했습니다.

중학교 여학생도 마찬가지입니다. 한창 자신의 신체 이미지에 집착도가 높아질 때인데, 이 시기에 자신의 신체 이미지가 기대와 달라짐으로 인하여 자존감이 낮아지고 친구관계가 어려워집니다. 그래서 우울해지고 사회생활을 꺼리며 학교에 대한 적응도도 낮아집니다. 여자 중학생들의 스트레스가 커졌다는 조사 결과도 많습니다.

우울과 자해를 반복하면서 폭식하는 식이장애 등에 빠지는 남학생, 여학생이 증가하는 악순환이 반복되고 있습니다. 움직이지 않으니 비만해지고, 비만해져서 우울해지고, 우울하다 보니 폭식하고, 폭식하니 비만해지고, 비만하니 자기 이미지가 너무 나빠 보이고, 우울하니 자해하고 싶어지고, 학교 가기 싫고, 밖에 나가지 못하겠고, 또 폭식하게 되고……. 이런 악순환에 빠지는 아이들이 코로나의 결과로 더 늘어나지 않을지 염려됩니다.

코로나 시기 비만해진 아이들 도와주기

코로나로 인해 아이들에게 생기는 문제는 학력만이 아닙니다. 학교에 가지 못하고 집 밖으로 나가지 않고 친구를 만나지 못하며 일어나는 변화는 전인격적으로 나타난다는 것을 이해해야 합니다. 당연히 몸의 변화도 필연적으로 나타납니다.

그런데 한창 자라나는 아이가 비만 상태가 되었다는 것은 어른의 비만 상태와는 다른 의미가 있습니다. 이는 건강하지 못한 어른이 될 위험요인을 더 많이 갖게 되었다는 의미입니다. 이미 병을 갖고 있는 아이가 된다는 뜻이며 다른 병으로 더 쉽게 이환될 수 있는 데다 체력이 낮은 상태라는 의미도 있습니다. 기초학력만큼 기초 체력도 포괄적이고 전인적인 관점으로 접근해야 합니다.

우선 이 시기에 비만해진 아이들에 대한 조사가 필요합니다. 집 안에서부터 다양한 방법으로 움직이고 올바른 식단에 따라 식사를 해야 합니다. 이를 잘 해낼 수 있도록 지원해야 하겠지요.

자신감을 회복하기 위한 연락과 지원도 필요합니다. 집에서 가볍게 할 수 있는 활동에 대한 정보를 주고, 집으로 찾아와서 상담 등 도움을 줄 수 있는 사람이 있으면 좋겠습니다. 그리고 무엇보다 이런 어려움에 대한 관심이 가장 중요합니다.

2021년 총 출석일 190여 일 중에 평균 등교일이 100여 일이 채 안 되었다고 합니다. 그만큼 우리나라 아동·청소년들의 활동량이 줄어든 것입니다.

교육부, 문화관광부, 여성가족부 등에서 학생들의 신체 건강을 위해 다양한 온라인, 오프라인 활동을 더 많이 보급하고, 홍보하고, 계도해 주었으면 합니다. 코로나 이후 몸과 마음이 제자리를 찾을 수 있도록 돕기를 바랍니다.

07

미디어 리터러시 역량 갖추기

아이가 무엇을 하는지 제법 아는 부모가 되기

"스마트폰은 단순한 전화기가 아니에요. 연락도 하고, 전달사항도 받고, 약속도 하고, 영화도 보고, 공부도 하고, 자료도 받고……. 요즘 스마트폰으로 안 하는 일이 있어요? 근데 스마트폰과 붙어 있다고 잔소리하고 미워하기만 하면 어떻게 같이 지내요. 그런 지겨운 대화는 그만하고 싶어요. 그러니 방문을 닫을 수밖에요. 몰래 할 수밖에 없고, 짜증이 나고, 그랬어요.

세상이 어떻게 변했는지를 제발 부모님이 알았으면 좋겠어요. 인공지능 시대잖아요. 메타버스가 타고 다니는 버스가 아니라고요. 무식한 엄마 아빠랑은 이제 대화가 안 돼요. 유튜버라고 대충 돈을 벌까요? 다 연구하고 노력하는 거예요. 자꾸 저한테 중독이라고 그러는데 그런 말을 들을 때마다 진짜 기분 나빠요. 그냥 일상이라서 많이 쓸 수밖에 없단 말이에요. 거의 몸에 붙여 다니듯이 말이에요."

— 아이들과의 상담 중에서

스마트폰 사용 가이드라인은 어떻게 정해야 할까요?

국제기구들이 제시한 가이드라인을 종합하면 다음과 같습니다.

첫째, 적절한 나이에 구입하고 사용하도록 합니다. 적절한 나이란 보통 초등학교를 마친 시기라고 생각합니다. 스마트폰이 인터넷에 연결된다고 했을 때 그 내용을 수용하려면 적어도 중학생은 되어야 하지 않을까요? 그래서 15세 전후를 말합니다. 사실 우리는 너무 빨리 아이들에게 스마트폰을 쥐여주는 편입니다. 그래서 좋지 않은 습관을 빨리 갖게 되고 조절도 어렵게 됩니다.

둘째, 2세 이전에는 절대로 스크린을 보여주지 않습니다. 이는 철칙입니다. 2세 이전에 스크린에 과다 노출되면 언어발달에 문제가 생길 수 있습니다. 이미 여러 나라에서 언어 발달상의 문제가 심각하게 생긴 사례가 보고되었습니다. 2세 이하의 아이들에게 하루에 1~2시간 이상 스크린 시청을 하지 않게 하는 것은 아주 중요한 원칙입니다.

셋째, 스마트폰 조절과 통제는 가족 문화로 정착되어야 합니다. 가족회의로 규칙을 정하고 서로 함께 노력해야 합니다. 부모님을 포함해서 가족 모두 밤에 끄는 시간, 모두 다 스마트폰을 내려놓는 시간을 정하고 같이 노력해야 합니다.

동서양을 막론하고 가정생활에서 부모의 솔선수범을 강조하지요. 식사 시간, 잠자리에 들 때 부모님부터 스마트폰을 내려놓는 것이 중요합니다. 무엇보다 잠자리에 가지고 들어가지 않는 것을 강조합니다. 스마트폰의 청색광이 불면을 포함해 우리 뇌에 어떤 영향을 미치는지에 대해 지금도 계속 연구 중입니다.

넷째, 이용 가능 연령을 준수하고 주민번호 등 개인정보를 관리합니다. 각 나이에 적합한 게임이나 애플리케이션을 이용해야 합니다. 몰래 부모의 주민번호를 이용하는 경우도 많고, 심지어 부모에게 숨기지도 않으며 사용하는 경우도 있어서 걱정입니다. 이는 기본적인 규칙을 어기는 것입니다.

이미 나쁜 습관이 자리 잡았다면?

스마트폰 중독 혹은 조절 곤란, 과다 사용으로 마음이 복잡하고 갈등이 심각한 가족이 많습니다. 그래도 스마트폰을 부수거나 빼앗는 것이 좋은 방법은 아닙니다. 지금은 카톡으로 연락도 오고 수업과 관련된 공지사항도 오기 때문이지요. 다른 방법을 동원해야 합니다.

첫째, 가장 좋은 긍정적 방법은 다른 일에 관심을 쏟게 하는 것입니다. 어떤 중독이든 못하게 하는 것, 즉 금지 패러다임은 효과를 기대하기 힘듭니다. 스마트폰 대신에 운동, 캠핑, 자원봉사, 청소를 하거나 할머니 할아버지 댁에 방문할 수도 있고, 수목원에 가고…… 할 수 있는 일은 다양합니다. 이렇게 접근할 때의 유일한 문제점은 '그럼 공부에서는 손을 놓냐'라는 부모님의 갈등뿐입니다.

둘째, 스마트폰 활동을 본업에서 취미 패러다임으로 바꾸기입니다.

그러기 위해서는 본업인 공부 등 본인에게 주어진 일을 한 다음에 스마트폰을 만질 수 있겠지요. 할 일을 다 한 다음에 취미로 조금씩 하게 만들어야 합니다. 이런 습관이 몸에 붙으면 정말 좋습니다.

또한 가급적 주중에는 스마트폰을 손에서 놓고, 주말에만 하기를 권합니다. 매일 하는 것이 더 습관이 되어 중독되기 쉽기 때문입니다. 많은 친구들이 본업을 게임으로 삼겠다고 하지 않습니다. 취미라고 합니다.

셋째, 다양한 취미를 갖고 있는 아이들은 게임에만 빠져들지 않습니다. 취미활동을 많이 칭찬하고, 거기에서 재능이 보인다고 격려해야 합니다. 아이들은 재능이 발휘되는 분야에서 더 활동하고 싶어 합니다.

보통 '나는 잘하는 게 아무것도 없어'라고 생각하며 그나마 게임은 조금 잘한다고 말하는 아이들이 있습니다. 이게 게임이 주는 착각이고, 게임의 장사 수법입니다.

아이들의 다양한 재능을 칭찬해 주세요. 가능하면 자녀와 함께하세요. 외부 활동일수록 더 좋습니다. 사격도 좋고, 양궁도 좋고, 스케이트도 좋습니다.

넷째, 가족회의를 통해 용돈을 스스로 벌게 합니다. 그러기 위해서는 아이들이 스스로 돈을 벌 수 있는 일거리를 줘야 합니다. 그러다 보면 공부 시간이 다소 줄 수 있지만, 게임 시간도 함께 줄어들 수밖에 없습니다.

스마트폰 사용을 조절하는 마법

스마트폰 사용을 사춘기 초기에 조절하는 해결책은 이렇게 정리할 수 있습니다. 첫째, 가족회의로 조절하고, 둘째, 부모의 권위와 규칙으로 통제하고, 셋째, 다른 취미를 살려서 균형을 이루기입니다. 이 세 가지가 가장 쉽게 접근할 수 있는 해법입니다.

물론 이런 기초적인 방법으로 해결되지 않을 수도 있습니다. 그럴 때는 더 복합적인 문제가 있을 수 있다는 신호로 받아들여야 합니다. 자기조절에 어려움이 있는 주의력장애나 넷플릭스 속에서 헤매면서 우울감을 달래려 하는 우울증이나 채팅에 매달리면서 친구를 갈구하는 외로움을 겪고 있을지도 모르니까요. 그럴 때는 보다 대화를 잘 하는 전문가의 도움이 필요합니다.

전문가와 함께 아이에게 내재되어 있는 보다 깊은 어려움의 근원을 함께 찾아보기 바랍니다. 코로나 시대에는 이런 문제가 더 깊어지거나 확대되는 경우가 종종 발견되고 있습니다.

OTT, 정주행

1. 다음 중 어느 서비스에 회비를 내고 있습니까? 모두 체크해 주세요.

   ① 넷플릭스 ② 티빙 ③ 디즈니 ④ 왓차 ⑤ 웨이브 ⑥ 애플

   ⑦ 유료 유튜브 ⑧ 쿠팡 플레이

2. OTT 서비스로 제공되는 드라마를 한 번에 몰아 보다가 회사나 학교생활에 지장을 받거나 약속을 어겨본 적이 있나요?

3. OTT 서비스에서 미성년자 관람불가 콘텐츠를 자녀가 보았을까요? 그럴 리 없다고 생각하면서 자식을 믿는 편인가요?

08

무너진 생활을 이해하고
세심히 배려하기

무너져 있는 아이들의 일상

"엄마, 아빠가 일하러 나가면서 학교보다 숙제를 더 많이 주고 갈 때는 기가 막혔어요. 전보다 더 자주 전화해서 체크도 하더라고요. 그래서 짜증내고 매일 싸웠어요. 부모님이 내준 숙제는 도저히 할 수가 없었어요.

그런데 어느 날 엄마, 아빠가 미안하다고 하시더라고요. 그러면서 숙제는 절반으로 줄여주고, 또 친절하게 포스트잇에 메모까지 남겨주었어요. 전화를 할 시간까지 다 적어놓아서 그때부터는 무슨 게임처럼 하루를 보내게 되었어요. 엄마, 아빠가 깨달았대요. 제가 어른이 아니라 아이라는 걸요. 그게 대체 무슨 소리일까요? 그럼 제가 애지 어른인가요?"

— 아이들과의 상담 중에서

소규모 학교 아이들을 제외하고 많은 아이들이 매일 등교하지 않고 다양한 방식으로 번갈아 등교한 지 벌써 3학기째입니다. 월화수 가고 목금토 가고, 한 주 가고 한 주 안 가고……. 이렇게 불규칙한 생활에 익숙해져 있습니다.

불규칙한 생활이 규칙적으로 되어가니 걱정입니다. 이렇게 생활이 무너져 오전 10시, 12시에 기상하기도 하고 낮밤이 바뀐 아이들도 많습니다. 그래서 부모와 자녀 간의 다툼이 일상화된 상태입니다. 아이들은 오전 10시 기상은 모범생, 12시 기상은 평범한 애들, 오후 5시 기상은 심각한 애들이라고, 부모님께 대신 전해달라 하기도 합니다.

생활이 무너지면 여러 가지 부차적인 문제를 일으킵니다. 우선 마음을 흐트려 문제를 일으키고, 목표도 무너지게 합니다. 목표가 사라지면 더 혼란스러워지고 멘탈도 약해집니다. 게다가 살도 찌니 몸이 무겁고 귀찮아지고, 그래서 다 포기하고 싶다고 호소하는 학생이 많습니다.

부모님들은 이런 심정을 잘 이해하지 못하고 이 많은 시간들을 공부로 가득 채웠으면 하고 바랍니다.

무너진 생활, 어떻게 도와주어야 할까요?

부모님에게 계획을 같이 짜자고 하면, 부모님은 계획표 위에 부모님 자신의 이상을 펼치는 경우가 많습니다. 실패하는 부모의 전형적 특징입니다. 터무니없이 높은 목표를 잡으면서도 구체적인 도움을 주지 않는 것이지요. 높은 목표를 기준 삼아 자녀를 전능한 학습자로 착각하고 왜 못할 거라고만 생각하냐고 빤히 바라봅니다. 불가능한 것은 없다는 표정으로요.

아이들은 짜증이 나서 못 하겠다고 하고, 빨리 출근하라고 부모를 채근합니다. 그러고는 약속을 어기고 '혼나고 말지' 하는 것입니다. 약속을 저버리고 실패한 아이로 남게 되지요. 약속을 안 지키는 아이가 되어서 부모가 싫어지고, 그때부터 다시는 부모님과 약속 따위는 하기 싫어지는 상태가 됩니다.

무너진 생활을 다시 일으키기 위해서는 새로운 생활 조건과 개선에 관한 이해와 도움이 필요합니다.

혼공, 정말 쉽지 않습니다

- 혼자 하는 것은 아주 어렵다는 점을 알아주셔야 합니다.
- 많이 하는 것도 아주 어렵다는 점을 알아주셔야 합니다.
- 어려운 것을 하기란 더 어렵다는 점도 알아주셔야 합니다.
- 계속하는 것도 아주 어렵다는 점을 알아주셔야 합니다.
- 칭찬이나 격려 없이 하기도 어렵다는 점을 알아주셔야 합니다.
- 마음을 알아주는 이가 없이 뭔가 한다는 게 어렵다는 점도 알아주셔야 합니다.

코로나 시대에 아이가 혼자 공부하면서 생기는 어려움을 충분히 고려하고 아이의 동기, 사기, 끈기를 파악해야 합니다. 학습량은 적절히 조절하고, 아이와는 언제나 연락이 닿도록 해야 합니다. 또한 제때 보상하고 아이의 마음을 잘 알아주어야 아이는 자신이 충분히 이해받고 있다는 느낌을 유지할 수 있습니다.

어려운 문제를 만나면 어느 정도 붙잡고 있다가 미루어둘 줄도 알아야 합니다. 선생님이나 부모님으로부터 도움을 받아야 하고요. 자신이 하는 공부가 효율적이라는 느낌을 받도록 환경을 조성해 주어야 합니다.

가족회의로 환경 개선에 대해 의논하기

가족회의를 정기적으로 하면 환경과 조건을 점검할 수 있습니다. 그러면서 조율되고 개선되면서 상황에 민감해지고 대응할 수 있습니다. 이것은 마치 아이의 게임 환경이 레벨업 되어가는 듯한 느낌 속에서 진행되어야 합니다.

무너진 생활 속에서 공부를 다시 시작하는 것은 운동을 포기했던 선수가 재기하는 과정과 비슷합니다. 유혹이 많습니다. 이 유혹을 이기고 복귀에 성공해서 예전 리듬을 되찾으려면 아이들에게 더 많은 격려가 필요합니다.

다시 코로나로 인한 여러 조치로 인해 리듬이 깨져도 본인의 생활리듬을 충분히 조절할 수 있는 힘을 길러내야 합니다. 그럴 만한 힘이 자신에게 있다는 자신감을 아이가 가져야 합니다.

무조건 '열심히만 하면 안 될 것이 없다'는 부모 세대의 생각으로 아이들을 설득하기란 어렵습니다. 세심한 배려와 도움이 필요합니다. 때로는 상황을 직면해야 하고 그에 고통이 따를 것입니다. 그리고 훈련도 필요합니다. 우리가 아이들을 안온한 환경에서 키우고 고생시킨 적이 없었기에 이 과정이 더 힘들지도 모릅니다.

생활의 파괴, 생각보다 심각하다

현재 아이들에게 나타나는 생활의 파괴는 생각보다 심각합니다. 지각, 결석만 봐도 그렇습니다. 학생들은 학교의 필요성에 대해 이야기하며 매일 등교의 필요성을 논의하고 있습니다. 그에 대한 진정한 논의도 있겠지만 생활력이 뒷받침되지 않기 때문이기도 합니다.

2년 반 동안 불규칙적으로 학교에 다니다가 갑자기 제대로 다니려니 전환이 쉽지 않은 아이들도 있을 수 있습니다. 이것을 극복하기 위해서는 아이들에게 새로운 루틴을 만들어주는 전환 프로그램이 필요합니다. 일부는 집에서, 일부는 학교에서 실행해야 합니다.

가정에서는 스스로 규칙적인 생활을 하도록 돕고, 목표에 도달하도록 부모님이 격려해 주어야 합니다.

학교에서도 할 일이 있습니다. '혼내면 듣는다'라는 것은 옛날 방식입니다. 불규칙한 습관을 가지게 된 아이들이 새로운 습관으로 전환하는 데에 필요한 과학적 프로그램을 도입해야 합니다.

혼내고 벌점 주고 경멸하고 낙오시키는 방식으로는 아이들에게 상처만 줄 뿐입니다. 결국 사회를 증오하게 만들겠지요. 아이는 어른이 아닙니다. 세심한 준비가 필요합니다.

09

가정에서 교육으로 배움을 이어가기

집에서 지내는 좋은 방법 찾기

"공부해라, 책 봐라, 다른 공부해라, 다른 책 봐라, 더 공부해라…….
엄마, 아빠가 집에 있을 때 나한테 하는 말의 90퍼센트가 이런 말이에
요. 다른 말은 자라, 먹어라, 또 뭐가 있을까요? 아, 스마트폰 그만 해라
가 있네요 이게 엄마 아빠의 말들이에요 코로나 때 더 심했어요.

하루 종일 같이 있으면서 이런 말을 들으니까 엄마가 이상하게 보여
요. 엄마는 할 줄 아는 말이 그 말밖에 없나 봐요. 어떤 아이들은 엄마
랑 빨래도 하고 강아지 산책도 시키고, 아빠랑 의자도 만들고 캠핑도
간다던데…….

저는 그런 일이 전혀 없어요. 저는 할 줄 아는 것도 없어요. 가끔은 불
안해요. 문제 풀고 공부하는 것 외엔 아무것도 모르니까요. 가스불 켜

는 것도 무섭거든요. 코로나 시절 가장 힘들었던 것은 집 안에 오래 있으면서 아무것도 안 하고 공부해라, 책 봐라 잔소리만 지겹게 들은 거예요."

— 아이들과의 상담 중에서

가족과 함께하는 시간이 늘어난 코로나 시대에 싸움이 늘어난 가족이 있는가 하면 오히려 싸움이 줄어든 가족도 있습니다. 이들의 차이는 무엇일까요?

가족이 집안일을 나누고 아이가 부모와 충분히 이야기를 나누면서 지낸 집은 갈등이 적었습니다. 집안일은 전혀 시키지 않고 공부만 하고 책만 보라고 강요한 집은 싸움이 잦았지요.

많아진 시간을 공부로 채울 수는 없을까요?

자녀들이 듣기 싫어하는 잔소리 중 하나가 '공부하라'는 말임을 누구나 알고 있지요. 그다음은 '책 좀 보라'는 말입니다.

공부와 독서는 아이들이 가장 싫어하는 일이 아닙니다. 그 두 가지만 하라는 것이 싫다는 뜻입니다. 나가서 놀아라, 친구 만나고 와라, 맛있는 것 먹으러 가자, 놀러 가자……. 아이들은 이런 말도 듣고 싶습니다. 아무리 좋은 말도 여러 번이면 듣기 싫어집니다.

공부가 꼭 앉아서 책 보고 하는 것이라는 생각은 우리의 오해입니다. 유치원 시기부터 청소년기까지 집안일을 함께하는 행위는 학교 공부에도 큰 도움이 됩니다. 이는 너무나 많은 학자들이 수없이 말해왔습니다. 집안일을 많이 도와본 아이들이 공부를 잘한다는 이야기입니다.

집안일을 함께한 아이들은 유능감을 느끼고 실제로 삶의 요령과 지식을 배웁니다. 성취감을 느끼고 좋은 관계를 형성할 뿐 아니라 일을 배우는 과정에서 지능도 향상된다고 합니다. 하버드대학교 의과대학 정신건강의학과 조지 베일런트$^{George Vaillant}$ 교수, 미네소타대학교 가정교육학과 마티 로스만$^{Marty Rossmann}$ 교수 등 수많은 학자들이 자신들의 연구로 이를 입증해 왔습니다. 앞서 말했듯 일본에는 가사학원이 있어서 집안일을 통해 지능 개발을 구체화하기도 합니다. 『팬티 바르게 개는 법』이라는 책으로 아이들이 가사에 참여하도록 권하는 교사도 있습니다.

단 '공부도 안 할 거면 집안일이나 해라'라는 식으로 벌로서 부과하거나 아이를 조롱하거나 야유하는 의미로 집안일을 시켜서는 안 됩니다. 부모를 돕는다는 의미로, 부모님이 좋아하는 일을 가르치면서 전수해야 합니다. 부모만의 노하우가 담긴 요리법, 살림법, 못질, 톱질하는 요령처럼 삶의 지혜가 담긴 생활법을 가르쳐주어야지요.

부모와 함께 놀고 이야기하는 즐거움 일깨우기

아이가 커갈수록 대부분의 부모님은 자녀와의 사이가 불편해집니다. 그 원인은 공부에 대한 잔소리와 서로에 대한 원망이 쌓여가면서 생기는 갈등 때문입니다. 한국청소년정책연구원의 연구 결과나 여러 조사들을 보면 우리나라는 다른 나라와 비교해 볼 때 제일 대화가 적고, 그나마 공부 이야기만 합니다. 그러니 시간이 갈수록 서먹하고 마음을 터놓지 않는 관계로 변하는 것입니다. 부모와 놀지도 않고 부모와 이야기하기도 싫다고 합니다. 가장 먼 관계가 되어버리고 마는 거지요.

공부 이야기 말고도 재미있는 이야깃거리는 많습니다. 함께 나눌 인생의 고민도 많습니다. 기승전 공부가 아닌 기승전 인생, 기승전 재미, 기승전 화목의 즐거움을 아이들이 느끼게 해주세요. 가족 간의 사랑이 넘쳐나는 시간들을 쌓도록 노력해 주셔야 합니다. 같이 노는 시간도 적고 대화 시간도 적은데, 우리는 팬데믹 시기에도 공부 타령만 하고 있습니다.

우리나라 사람들은 핵폭탄이 떨어져서 지하 방공호에 내려가서도 기초학력이 떨어져서 국영수가 문제라고 떠들 거라고 아이들은 이야기합니다. 그러나 우리가 실제로 그런 사람들은 아닐 것입니다. 우리는 흥도 많고 신바람이 있는 사람들입니다. 그런데 자녀 이야기로 가면 언제나 공부 이야기로 마무리가 되어버릴까요. 자녀와 즐겁고 재밌는 관계로 오랜 세월 다져가는 것이 중요합니다.

많아진 시간을 채우는 비법

아이들이 공부나 숙제나 과제를 하고 나서도 시간이 남고 바깥에 나가기 어려운 상황이 지속되는 경우에는 이렇게 해보세요.

첫째, 집안일 목록을 만들고 아이와 함께 하세요. 무작정 시키지 마시고 어떤 일을 가르쳐주고 싶다고 하세요. 요리를 함께하거나 빨래하는 법, 빨래 개기, 정리하는 법 등을 이번 기회에 가르쳐주세요.

둘째, 아이들과 즐거운 대화를 많이 나누세요. 가훈, 우리 가족의 가치, 앞으로 함께 여행하고 싶은 곳 등 가족의 소속감이나 행복을 높일 수 있는 대화라면 좋습니다. 목표, 계획, 성과에서 벗어나 행복이나 추구하는 가치관에 대해 이야기하면서 결속감을 느끼도록 해보세요.

셋째, 서로에게 배울 것을 정하고 배워보는 것도 좋습니다. 부모님은 아이에게 공부 외에 다른 것을 가르쳐주시고, 아이들은 부모님이 잘 모르는 것을 가르쳐주는 세대교감 학습도 좋습니다. 서로를 이해하는 데 좋고 서로가 배울 수 있어서 좋습니다.

넷째, 공부나 책을 벗어나 캠핑을 포함해 다양하고 창의적인 활동을 해보세요. 서로 다양한 역할을 소화하면서 새로운 역할을 성실히 잘 해내는 긍정적인 모습들을 발견해 보세요.

죽음을 앞두고 후회하는 일들에 관해 쓴 책들에 반복적으로 등장하는 내용이 가까운 사람들, 가족들과 더 친밀하게 대화를 나누지 못한 것에 대한 후회입니다. 이는 아주 어릴 때부터 습관이 되어야 합니다. 코로나 시기 가족과 함께하는 시간이 늘어났을 때 더 노력을 해서 서로 친밀해질 수 있는 시간이 되었으면 합니다.

10

최고의 부모교육은 자신부터 돌보는 것

잘하자는 생각에서 벗어나기

"하나도 놓치고 싶지 않으니 미치겠어요. 공부, 활동, 관계, 그리고 예체능까지……. 코로나 때문에 못 했다, 이런 이야기는 듣고 싶지 않거든요. '그럼에도 불구하고' 잘 이겨냈다. 이런 말을 듣고 싶죠.

그런데 실제로는 뭐 하나 제대로 돌아가는 게 없어요. 학교도 학원도 불확실하고, 친정 부모님도 배우자도 불확실, 아주 미치겠어요. 애들은 스마트폰 붙잡고 허송세월이죠. 나라는 도대체 제대로 하는 일이 있기는 한 건지……. 인생은 한 번뿐이고 우리 아이들의 중요하고 민감한 시기도 짧은데 어쩌라는 걸까요. 스트레스에 잠이 안 올 지경인데 다들 너무 태평한 것 같아요."

— 부모님들과의 상담 중에서

부모 자신의 스트레스를 먼저 낮추어라

"코로나 때 뭔가 아이를 더 나빠지게 하면 안 된다고 생각하니 미칠 것 같아요." 부모님들의 호소가 종종 들립니다. 자녀에게 무엇을 더 잘 할 것인가로 스트레스 받지 말고, 자신의 스트레스를 줄이기 위하여 할 수 있는 일을 먼저 찾으세요.

코로나 시대를 맞이한 부모들에게 필요한 것은 무엇일까요? 미국질 병관리본부의 입장은 조금 의외였습니다. 아이들에게 이런저런 문제가 생기고 있으니 부모가 할 일이 많다, 이런 내용이 아니었기 때문입니다. 코로나 시대에는 부모도 스트레스가 크니 특별히 뭔가를 하기보다는 부모 자신의 스트레스 관리를 우선하라는 제언이었습니다. 새로 뭔가 를 하기보다는 먼저 부모 자신의 셀프케어부터 하라는 뜻입니다.

어쩌면 우리는 지금 자신을 보호하고 관리하는 데에만도 지쳐 있을 지 모릅니다. 그러므로 부모님들은 자신의 상태부터 파악하는 것이 우 선입니다. 최선을 다하고 있는 부모에게 부모 노릇을 이렇게 해라 저렇 게 해라 잔소리해 봤자, 부모는 거기에서 쌓인 부정적 감정을 자녀에게 쏟아낼 것입니다. 그러지 않기 위해서라도 자신의 상태부터 먼저 파악 해야 합니다.

그러고 나서 우리는 스트레스를 낮추어야 합니다. 높은 스트레스 상 태에서 자녀에게 그 스트레스를 전달하지 않도록 노력해야 할 테고요.

자신을 먼저 돌본 다음에야 아이를 긍정적으로 잘 돌보고 힘과 용기 를 전해줄 수 있습니다. 자신을 어떻게 돌보고 있나요? 일과 속에서 자 신을 위해 무엇을 하고 있나요? 구체적으로 뭔가 하는 분도 있고 안 하 는 분도 있습니다. 여기에 따라 상당한 차이가 생길 것입니다.

자신을 구체적으로 돌보는 분들이 자녀를 대하는 데에는 그렇지 않은 분들과 차이가 있습니다. 그 차이는 코로나 시대에 더 커지지 않을까 합니다.

아이들과 지내면서 쌓인
만성 스트레스, 어떻게 해야 할까요?

첫째, 내 몸과 마음의 상태를 알아차려야 합니다.

부모님은 늘 아이를 우선하다 보니 자신의 상태를 모를 때가 많습니다. 비행기에서 하는 안전교육 기억하나요. 위급상황에서 아이를 구하려면 부모 먼저 산소마스크를 써야 합니다. 즉 내가 먼저 살아야 아이를 보살필 수 있는 것입니다.

분명 짜증과 화가 늘었는데 본인만 그 사실을 모르는 분도 많습니다. '내가 언제 그랬냐'라고 하는 분, 진짜 많습니다. 요즘 컨디션은 어떤가요? 자주 화를 내면서 욱하기도 여러 번인가요? 그렇다면 좋은 교육도 헛수고입니다. 부모님이 먼저 쉬는 게 우선일지도 모릅니다.

둘째, 내 몸과 마음을 최대한 고요하게 안정시키고 회복시킬 시간을 가져야 합니다.

아이들과 지내다 보면 쉴 수 있는 시간을 갖지 못하고 지치기만 할 때가 많습니다. 그러므로 내가 쉴 시간을 확보해야 합니다. 이를 위한 부부 간의 협력이 정말 중요합니다.

코로나 시기 좁은 공간에서 양육에 지친 부모님에게는 더더욱 회복

시간이 필요합니다. 밤에 30분만이라도 자유롭게 산책할 수 있으면 좋겠다는 이야기도 종종 듣습니다. 배우자가 노력하고 지원해서 커피 타임, 혹은 산책처럼 회복 시간, 숨 돌릴 시간을 지원해 주기를 당부합니다. 코로나 시기에는 양육에 대한 제도적 지원이 중단되어 양육 스트레스가 훨씬 높기 때문입니다.

셋째, 스트레스를 줄일 수 있는 나만의 활동, 특히 몸을 쓰는 활동을 해야 합니다.

부모님 중에서도 체중이 증가한 분이 많습니다. 또한 다양한 스트레스가 몸으로 표출된 분들이 많습니다. 이런 분들은 여러 군데서 통증을 호소하기도 합니다. 집안일도 늘고 아이들과의 갈등도 깊어졌지만 나갈 수가 없습니다. 사람도 못 만나고 운동도 못 하니 스트레스를 풀 방법이 줄었습니다. 그래서 몸이 반응하는 것입니다.

스트레스를 줄일 수 있는 나만의 활동을 찾아야 합니다. 그 활동이 몸을 쓰는 것이어야 하며, 이를 열심히 해서 균형을 찾아야 합니다. 자신을 조절할 수 있는 힘을 가져야 합니다. 이러한 부모님의 모습은 아이들에게도 귀감이 될 것입니다. 필요하면 아이들과 함께하세요. 아이들과 홈트레이닝도 하고 산책도 하길 바랍니다. 혼자 해도 좋고 가족과 해도 좋습니다.

넷째, 자신의 몸과 마음에 긍정적 기운을 불어넣는 활동을 해야 합니다.

부모님이 긍정의 마음으로 코로나가 몰고 온 부정의 기운을 몰아내 주셔야 합니다. 어려운 상황에서도 희망을 갖고 이겨나갈 수 있도록 자녀들을 격려해 주세요. 리더의 격려는 큰 지침이 됩니다. 자녀에게 어떤 어려움이 있어도 우리는 잘 이겨나가고 지혜롭게 대처할 것이라고 다독

여주세요. 안심과 안정을 줄 수 있는 부모의 힘이 자녀의 심리적 안정에 큰 기여를 합니다.

그리고 자녀에게 이렇게 말해주세요.

"힘들었을 텐데도 모두 잘 버티고 잘 해주고 있어 고마워."

"내일은 오늘보다 조금 더 나아지고 좋아질지도 몰라."

"모두가 힘든 시기이니 우리 스스로 잘하는 것이 다른 사람들에게도 도움이 될 거야."

"어렵고 힘들지만 차분히 각자의 할 일을 잘 해나가자!"

"너무 욕심내지 말고 기본은 꼭 하자! 코로나 때문에 짜증은 나지만, 그러려니 하고 이겨나가자!"

이렇게 가족과 마음을 나누어보세요.

이 네 가지 중에서도 가장 중요한 것은 무엇일까요? 바로 자기 상태를 잘 아는 것입니다. 한 가지 더 꼽으라고 한다면 긍정적 마음입니다. 자기 상태를 알고 긍정적 마음을 유지하면서 가족을 비롯한 주변 사람을 대하세요.

어떤 부모가 좋은 부모로 기억될까?

짜증을 덜 부리고 꾸준히 자녀와 대화를 나누면서 아이와 함께 길을 찾아나가는 태도가 중요합니다. 코로나로 인해 변덕이 심했던 부모, 뭐든 하다 말다 하는 부모에게 아이들은 쉽게 지칩니다.

팬데믹이 언제 끝날지 모르는 상황에서 자녀를 안심시키고, 이 긴 마라톤의 종주까지 서로 따뜻하게 격려하면서 안전하게 손잡고 가는 것이 부모의 역할입니다.

자식을 돌보는 일로 상념에 빠져서 불안해하기 전에 웃는 얼굴로 자식을 안심시킬 수 있는 표정을 지어야 합니다. 그러려면 자신을 먼저 돌보세요. 그것이 코로나 시대 자식에게 무언가를 요구하는 부모보다 더 현명한 부모입니다.

"'팬데믹은 퍼펙트 스톰, 즉 서너 개 이상의 폭풍들이 합쳐져 위력을 배가하는 가공할 폭풍으로 진화할 조짐을 보이고 있다.' 그 폭풍 중 두 가지(의료난국과 경제위기)는 널리 논의되지만 다른 두 가지(확대되고 있는 국제분쟁과 정신건강의 위기)는 주목을 훨씬 덜 받고 있다."

— 슬라보예 지젝, 『잃어버린 시간의 연대기』[0]

5장

아동·청소년의 건강한 회복을 위한 제언

코로나 이후 우울은 이미 증가했다.

코로나 이후 자살도 이미 증가했다.

코로나 이후 학업은 더 힘들 것이다.

코로나 이후 학교폭력이 늘 것이고 아이들은 더 공격적이 될 것이다.

코로나 이후 결석, 조퇴, 자퇴가 증가할 것이다.

5장에서는 코로나 이후 회복을 위한 국제 사회의 동향을 짚어봅니다.

또한 신체, 관계, 생활, 학습, 가정의 회복을 다룹니다. 회복 논의에서

더 깊은 통찰을 위한 사회적 이슈들도 다루고자 합니다.

돌봄부터 회복탄력성까지
우리 사회가 놓치지 말아야 할 것

아동·청소년의 종합적 상태 파악하기

세계 여러 나라의 실태 조사와 국제기구들의 보고를 따르면 전 세계 아동·청소년이 코로나로 인해 받은 심리·정서적 여파는 아주 큽니다. 여러 나라에서 이미 조사된 논문을 통합하여 체계적으로 고찰한 자료들은 그 실태를 여실히 알려줍니다.

2020년 말에 영국 바스대학교 로아디스Loades 교수팀은 긴급히 조사를 진행했습니다. 80여 개의 논문 중 60여 개, 5만 명을 대상으로 한 자료를 분석한 결과, 코로나 시기의 사회적 고립은 첫째, 외로움과 불안을 증폭했으며, 둘째, 외로움의 지속 기간이 외로움의 강도보다 더 정신건강 증상과 강하게 관련이 있고, 셋째, 고립과 격리가 길었던 아이들일수록 우울증과 불안감을 경험을 가능성이 높다고 나타났습니다.[1]

2022년 초에 발표된 브라질 알메이다 교수Almeida팀의 연구는 사회적 고립과 감염병이 어린이와 청소년의 발달에 미치는 영향을 분석하고, 신체적·정신적 건강에 미치는 영향에 중점을 두어 문헌을 분석하였습니다. 여러 검색 도구와 데이터베이스를 바탕으로 519건의 연구가 선별되었고 이에 기초해서 비교 분석하였습니다. 이 체계적 고찰에서 제시하는 결과는 간단히 말해서 다음과 같습니다.

첫째, 코로나 시기 어린이와 청소년에게 사회적 고립으로 인한 영향이 클수록 불안과 우울이 높아졌고, 둘째, 사회적 고립은 어린이와 청소년의 스트레스를 높여서 코티솔 수치가 높아지게 하는 효과가 있으며, 셋째, 감염병 시기에 인지 발달이 악화되었습니다. 그러므로 이런 상황에 대한 후속 조치가 필요하다고 역설합니다.[2]

2021년 9월 스웨덴 움살라대학교 워너Warner 교수팀이 발표한 체계적 문헌고찰 연구는 정신건강에 대한 영향뿐 아니라 대응이나 조치의 중요성을 비교 고찰하였습니다. 여러 논문 중 55건의 논문에서 정리한 결과는 다음과 같습니다.

첫째, 강한 회복탄력성, 긍정적인 감정 조절, 신체활동, 부모의 자기 효능감, 가족 기능 및 정서적 조절, 사회적 지원이 보호 요인으로 보고되었습니다. 둘째, 과잉된 감정적 반응성과 경험적 회피, 과도한 정보에 대한 노출, 코로나 학교 문제, 지역사회에서 코로나 유행, 부모의 정신건강 문제, 높은 인터넷 사용률, 소셜 미디어 및 비디오 게임 사용은 모두 잠재적으로 유해한 요인으로 확인되었습니다.

이런 상황에서 통찰력을 갖고 아동·청소년의 회복을 돕기 위해서 권장하는 프로그램은 첫째, 신체활동을 촉진하고, 둘째, 어린이와 청소년

의 스크린 타임을 줄이기 위해 개입하고, 셋째, 부모를 위해 육아를 지원하는 것이라고 보고했습니다.[3]

유럽 아동·청소년 정신건강 전문가들의 제안

유럽연합은 2020년 7월 차세대유럽연합Next Generation EU이라는 경제 회복 패키지 프로그램을 편성했는데, 7,500억 유로라는 사상 최대의 예산을 투입하기로 했다고 합니다. 이 프로그램을 통해 산업 분야에서의 환경생태 대전환뿐 아니라 의료 체계 혁신, 젊은 세대를 위한 일자리 창출, 교육에서의 새로운 필요에 대응하며 사회적 회복을 촉진하려 한다고 합니다.[4]

이 차세대유럽연합의 목표는 첫째, 유럽연합 회원국들이 코로나 바이러스 감염병으로 일어난 즉각적인 경제적·사회적 피해를 복구하도록 돕고, 다음 세대를 위해 더 나은 미래를 준비하는 것입니다.

둘째, 코로나의 경제적·사회적 영향에 대처하는 것인데, 여기에 많은 새로운 내용들이 포함되어 있습니다. 바로 녹색 대전환 촉진, 사회 기반의 디지털 변환, 똑똑하고 지속 가능하며 포괄적인 성장과 일자리 창출, 사회적이고 지역적인 응집력, 건강과 회복탄력성이 가능한 사회, 교육과 기술 향상을 위한 노력입니다.

세 번째 목표는 유럽 경제를 현대화하는 것입니다. 이 목표에는 다음과 같은 요소들이 포함되어 있습니다. 연구 및 혁신을 통한 사회적 현대화, 기후위기 대응 및 디지털 전환, 유럽의 디지털화, 유럽 사회 복구와 사회복지탄력성, 새로운 건강 프로그램 제도 등이 그것입니다.

독일, 스위스, 오스트리아, 프랑스, 그리스, 헝가리, 덴마크, 세르비아, 네덜란드의 정신보건 전문가들은 《유럽 아동·청소년 정신의학지》에 유럽 아동·청소년의 회복을 위해 필요한 것이 무엇인지 함께 글을 올렸습니다. 여러 요인들을 우려하고 분석하여 유럽의 여러 전문가들과 공유할 제안으로 다음 일곱 가지를 알렸습니다.[5]

① 가족이 감염병 트라우마를 이겨낸 긍정적 방식을 공유하기

가족이 이전에 다른 트라우마를 이겨냈듯이, 다양한 방법으로 이번 위기를 극복한 방식을 알리고 공유하자는 목표입니다. 이는 구성원들이 함께 강해지고 잘 이겨나갈 수 있음을 강조하고자 하는 것입니다.

② 정책 입안가들이 아동의 필요와 욕구를 충실히 알도록 하기

아동·청소년 정책 입안가들과 함께 이 감염병 위기를 겪으면서, 또 각각 위기의 순간에 아동·청소년들의 필요와 욕구를 충분히 알게 하자는 것입니다.

③ 충분한 인력을 확보하기

코로나 회복기에 상처받은 아동·청소년, 그리고 그 가족들과 함께 작업하고 상담, 치료에 투여할 수 있는 인력을 확보하라는 것입니다.

④ 취약한 아이들을 챙기고 지원하기

코로나 이전에 치료가 필요했거나 특별한 도움을 받던 아이들이 코로나로 인해 받지 못한 서비스는 무엇인지 잘 살피고, 더 위험한 순간이 생기지 않게 다시 챙기고 지원하고 놓치지 말자는 것입니다.

⑤ 코로나 감염 현실 잘 파악하고 롱 코비드·롱 팬데믹 증후군에 대처하기

성인뿐 아니라 아동·청소년의 감염이 급증하면서 그들의 감염 경과와 증상 징후를 잘 파악해야 합니다. 장기화되는 코비드 증상 및 코로나 관련 피로·스트레스 증상을 진료하는 의료진을 육성하고, 그 증상과 징후에 대한 대처를 교사와 부모들에게 교육하고 전해야 합니다.

⑥ 아동·청소년 정신건강 서비스 체계를 정비하고 지원하기

증가하는 아동·청소년 정신건강 문제에 대처하기 위하여 아동·청소년 정신건강을 지원하는 체계를 가정과 학교에서 지원해야 합니다.

⑦ 아동·청소년 돌봄 인력이 지치지 않도록 지원하기

이미 신체적·정신적으로 지친 교사, 아동청소년기관 및 정신건강 관련 기관 등의 인력이 덜 소진될 수 있는 방안을 마련해야 합니다.

토의에 참여한 전문가들은 이외에도 학교의 폐쇄가 미친 영향에 대해서도 심도 있게 연구하고 공유하기로 했습니다. 또한 이 시기에 취약한 그룹이 '코로나 세대'로 낙인 찍히지 않게 하는 것이 중요하다는 데 의견을 모았습니다.

미국 아동·청소년 전문가들의 선언문

미국소아과의사학회AAP, 미국아동·청소년정신의학회AACAP 및 아동병원협회CHA는 2021년 10월 19일 세 개 단체 연합으로 아동·청소년의 정신건강 현황이 국가 차원에서 응급 상태를 선포해야 한다고 주장했습니다. 그리고 다음과 같은 선언문을 발표했습니다.[6]

어린이와 청소년의 보살핌에 전념하는 보건전문가로서, 우리는 코로나 팬데믹 동안 어린이, 청소년 및 그 가족의 정신건강 문제가 급증하였으며, 감염병 이전에 존재했던 여러 상황을 악화시키는 것을 목격했습니다. 코로나 시기 미국 전역의 어린이와 가족은 엄청난 역경과 혼란을 경험했습니다.

특히 구조적 인종차별주의로 인한 불평등은 유색인종 공동체의 어린이들에게 불균형한 영향을 미쳤습니다. 아동 및 청소년 정신건강 악화와 위기는 코로나로 인한 스트레스와 인종 정의를 위한 지속적인 투쟁과 불가분의 관계에 있습니다.

2020년 이전에 관찰된 추세가 더 가속되어 악화되고 있습니다. 아동·청소년의 정신건강 문제와 자살률은 2010년에서 2020년 사이에 꾸준히 증가했으며 2018년까지 자살은 10~24세 청소년의 두 번째 사망원인이었습니다. 감염병은 이 위기를 더욱 심화시키고 있습니다. 전국적으로 자살 시도를 포함한 여러 정신건강상의 문제로 응급실을 방문하는 청소년이 극적으로 급증한 것을 지금 목격하고 있습니다.

감염병은 가족의 안전과 안정에 타격을 입혔습니다. 미국에서 14만 명

이상의 어린이들이 1차 돌봄 제공자 혹은 다른 돌봄 제공자를 잃었고, 유색인종 청소년들의 돌봄은 더 불균형화되었습니다.

우리는 우울증, 불안, 외상, 외로움 및 자살률이 급증하여 자신과 가족 및 지역 사회에 지속적인 영향을 미칠 젊은이들을 돌보고 있습니다. 우리는 아동·청소년의 정신건강 증진, 예방 및 치료의 연속성에 영향을 미치고, 치료에 대한 접근성과 질을 향상시키기 위한 주정부, 지자체 정부, 지역 및 국가 차원의 접근에 혁신과 해결 전략을 필요로 하고 있습니다.

그래서 미국소아과의사학회, 미국아동·청소년정신의학회 및 아동병원협회가 아동·청소년들의 정신건강에 관한 국가 비상 사태를 선포하기 위해 함께 노력하고 있습니다. 어린이와 청소년이 직면한 도전은 너무 광범위하여 모든 수준의 정부 및 아동 및 청소년의 정책 입안자에게 이 선언에 동참하고 다음을 옹호할 것을 촉구합니다.

첫째, 모든 가족과 어린이, 유아부터 청소년에게 제공할 수 있는 연방 정부 기금이 늘어야 합니다. 선별검사, 진단과 치료를 정신건강 욕구에 부합되게 받을 수 있어야 합니다. 특히 자원이 부족한 집단의 필요에 더욱 부합되어야 합니다.

둘째, 모든 인구 집단에 대한 정신건강돌봄을 제공하는 원격의료가 더 지속되고 확장될 수 있도록 정기적인 조절을 하고 접근성을 높여야 합니다.

셋째, 지불방식 모델 및 임상접근방식을 포함하여 학교 기반 정신건강돌봄의 효과적인 모델에 대한 지속적인 펀딩을 하고 그 집행을 늘려야 합니다.

넷째, 지불방식, 임상접근방식 문제를 포함하여 1차 소아과 의료기관과 정신건강 모델이 통합될 수 있는 효과적이고 재정적으로 지속 가능한 모델을 만들어야 합니다.

다섯째, 학교, 1차 돌봄기관, 지역사회 등에서 아동·청소년의 자살의 위험성을 줄이도록 효과적인 노력을 강화해야 합니다.

여섯째, 입원 병동, 단기 체류 안정 프로그램, 지역사회 대응팀 사이의 프로그램을 확장하여 아동·청소년의 입원 병상 부족과 응급실 병상 부족에 대처해야 합니다.

일곱째, 집과 학교, 지역사회에서 근거 기반 개입을 통해 아동이 지지와 함께 행동건강 서비스에 연결될 수 있도록 포괄적인 지역사회 기반의 돌봄 체계에 더 충분히 투자해야 합니다.

여덟째, 관계 건강과 가족 회복탄력성이 지지될 수 있는 외상 기반 돌봄에 대해서도 지불을 보증하고 지원해야 합니다.

아홉째, 공공 건강위기가 보건 실무자들의 행복에 영향을 미치는지에 주의를 기울이는 것만큼 정신건강 인력에게 혁신적인 교육 프로그램, 금융 지원 등을 제공해야 합니다. 이를 바탕으로 아동 정신건강 현장이 장기간 근무할 수 있는 곳이 되도록 전략을 세워야 합니다.

열째, 정신건강의 평등에 관한 법률이 잘 집행되고 그 법률이 잘 실행되도록 해야 합니다.

보다시피 미국 유력 단체의 성명서에서 미국 아동 정신건강의 위기가 충분히 전해집니다. 위기를 해결하기 쉽지 않은 미국 의료제도의 복잡성 또한 느껴집니다. 이런 유례없는 성명서가 나왔다는 것은 그만큼 큰 위기에 봉착했다는 의미입니다.

　이렇게 아동·청소년에 대한 국제적인 회복 연구 및 논의, 유럽연합과 미국 등지의 회복 논의에 대해 살펴보았습니다. 우리 정부는 2022년 중반까지 아동·청소년 대책이 '교육회복'이라는 구호에 비해 뚜렷하지 않았습니다. 아동·청소년을 위한 회복 대책이 현실을 담아 더 새롭게 세워지기를 간절히 바랍니다.

건강 회복 없이 일상 회복 없다

다양하고 섬세한 신체활동을 자극하기

발달 과정에서 신체의 건강한 성장은 기본 뿌리라고 할 수 있습니다. 앞에서 언급한 것처럼 사회적 거리두기, 등교 금지로 인해 다양한 신체활동 감소, 의자에 앉거나 스크린 볼 때의 나쁜 자세와 태도 고정, 스크린 타임과 비만의 증가, 그리고 이런 상황이 연결된 악순환 등이 문제가 되고 있습니다. 이는 아동·청소년에게 건강과 활동의 위협으로 작용하고 있습니다.

신체활동은 단지 몸을 쓰는 일만이 아닙니다. 여기에는 다양한 의미가 있습니다. 첫째, 신체 건강을 통한 발달 자극 및 성장 활동, 둘째, 친구 사귀기에 기여하는 사회성 증진 활동이라는 의미가 있습니다. 셋째, 신체 이미지 향상에 기여하는 자존감을 향상시키며, 넷째, 심신의 스트레스를 해소하고 정신건강을 향상시킵니다.

그러므로 다양한 신체활동이 지원되어야 하며, 스포츠 활동에 국한되지 않습니다. 그러므로 학교에서 활동이 시작되면 다양한 신체활동을 필수적으로 늘려야 합니다.

비만 예방을 위한 체계적인 지도와 활동

코로나 시기 늘어난 고도 비만 학생들에게 더 체계적이고 직접적인 활동이 필요합니다. 초·중·고 학령기의 고도 비만은 여러 면에서 건강을 저해하며 추후에는 심리적으로도 많은 문제를 가져옵니다. 무엇보다 비만 자체가 아이들을 위축시키고 신체활동을 감소시킵니다.

그러므로 비만으로 인해 다음과 같은 상태로 이어지지 않도록 적극적으로 개입해야 합니다. 첫째, 비만은 조기 대사성 질환 발생률을 높입니다. 둘째, 사회성이 위축됨으로써 대인관계에 문제가 생깁니다. 셋째, 성조숙증 등 내분비 질환이 증가합니다. 넷째, 스크린 타임 증가 혹은 게임 중독 같은 질환이 함께 증가할 수 있습니다.

학생들의 키, 몸무게에 기초해서 혐오나 놀림 없이 학교 혹은 지역사회에서 비만 예방, 고위험군 관리를 위한 다양한 활동을 준비해야 합니다. 체조, 댄스, 걷기 프로그램 등 운동과 관련된 다양한 프로그램이 있을 수 있습니다.

많은 나라의 아동·청소년 중에서도 초등 남학생들이 신체활동과 체육 활동 감소, 그리고 스크린 타임의 증가와 지능, 사회성, 정서적 영향,

스트레스 누적을 호소했습니다.

초등 남학생들의 야외 신체활동은 스트레스 해소라는 의미도 크지만, 신체활동의 숙달, 또래들과의 관계 형성이라는 다양하고 중요한 기능을 하는 것으로 알려졌습니다. 코로나 시기에 초등 남학생들 다수가 스크린 타임이 증가하면서 신체활동으로부터 멀어지고, 스트레스 해소와 친구 사귀기를 하지 못한 채로 비만해진 아이들이 증가했습니다. 이 그룹에 대한 특별한 관심과 지원이 필요합니다.

왜곡된 신체 발달은 정신질환을 일으킬 수 있다

신체 발달 왜곡 혹은 자신감 결여와 우울, 성격, 비행이나 이상은 심리적 질환과 동반되어 나타나 더 힘들어집니다.

비만해지면 사회에 대한 공포가 심화되어 사람들 앞에 나서기가 힘들어지고(사회공포증 악화), 신체 이미지에 대한 왜곡이 강화되기도 하고(섭식장애 악화, 다이어트 장애 악화 등), 비만해지면 움직이기 싫어지고, 그래서 움직임이 적은 활동들(게임 사용 장애 발생 등)을 선택하여 악순환이 강화됩니다.

이렇게 비만해지면 자신감이 줄어들면서 더 외출이 어려워지고 기분을 더 우울하게 만듭니다. 지역사회와 학교에서 다양한 형태의 신체활동들이 만들어지기를 고대합니다.

걷기부 창립

코로나 시기에 체중이 증가한 학생들이 많아지자, 초등학교의 한 선생님이 걷기부 프로그램을 제안했습니다.

걷기 + 기부 = 걷기부

걷기를 통해 운동도 하고, 체중 감소에 도전하면서 동시에 기부할 수 있는 애플리케이션을 통해 사회에도 기여하는 것입니다. 또한 동아리를 구성해 함께 걸어서 아이들과 친목도 도모하고 이후에는 가족도 함께 걷기로 하여 일석오조를 달성할 수 있었던 프로그램이었습니다. 2021년 2학기 초에 시작하여 2학기 말에 참여한 다수의 아이들이 체중 조절에도 성공하고 학급에 대한 만족감도 높았습니다.

관계 회복 없이 학교 공동체 회복 없다

가장 중요한 관계 활동, 친구 사귀기

코로나 이후 관계 맺기의 문제는 세계적으로 가장 중요한 교육 회복의 화두가 되고 있습니다. 특히 걱정되는 집단이 있습니다. 등교일수가 적은 아이, 그중에서도 학급에 대한 소속감이 낮은 아이들이 그렇습니다. 원래 소심했는데 점점 더 관계 맺기가 힘들어진 아이, 학교 등교를 시작하면서 소음이나 가까워진 사람들 간의 거리, 화장실 문제 등에 불편감이 커진 아이들도 있습니다. 관계에 대한 욕구를 해소하지 못한 여학생에 대한 걱정도 큽니다.

이런 집단에 대해서는 더 직접적으로 학급과 또래들 사이의 연결에 대해 세심한 도움을 주어야 합니다.

전면적인 등교로 대면을 하는 학교생활이 다시 시작되었습니다. 여기에서 발생하고 있는 가장 큰 어려움은 친구들과의 관계 문제와 학급에 적응하는 문제입니다.

학교로 돌아와서 마스크를 쓴 채로 만나는 낯선 친구들이 불편하다는 아이가 적지 않았습니다. 친구가 서먹하다는 아이들도 있습니다. 감염을 차단하기 위해 한 줄로 앉다가 오랜만에 짝꿍과 앉게 했더니 이를 거부하는 학생들도 있다고 합니다. 장기간 동안 친밀감이 낮은 생활을 하던 일부 학생들은 거리감을 갖는 관계가 더 익숙해진 것입니다.

코로나 이전에는 학급에서 다양한 활동을 해서 시간이 지나면 친구관계가 자연스럽게 발전되었습니다. 그러나 지난 2년 동안에는 마스크, 가림막, 대화 차단, 학교 체류 시간 최소화, 수업 외에 다양한 활동 금지를 경험했습니다. 그러니 친구들과 자연스럽게 어울리는 기회가 거의 없었습니다. 수학여행, 발표회, 운동회 등 함께 동고동락하는 활동도 없었습니다.

이런 시기에는 내향성이 높은 친구들, 즉 주도적으로 친구를 사귀기 어려운 아이들이 더 힘들어집니다. 학교에서 우두커니 있다가 그냥 집으로 오는 일부 소극적인 친구들에게 코로나 시절의 학교생활은 더 힘들어지고 있습니다. 학교에 머무르는 시간의 대부분은 친구와 함께하는데, 이 시간이 줄거나 차단되었으니 복잡한 상황이 된 것입니다.

현재 제 진료실을 포함하여 여러 상담센터에서 학생과 부모님으로부터 가장 많이 듣는 질문은 '친구 사귀기를 어떻게 해야 할지 모르겠다'입니다. 다음과 같은 '친구 사귀기' 사회기술 프로그램을 제안합니다.

- 친구를 구체적으로 알기
- 친구들을 환대, 호감, 긍정으로 맞이하기

- 새로운 친구 그룹 만들기
- 친구들의 표정과 얼굴을 알기
- 친구에게 다가서고 관계를 맺는 법 배우기
- 친구의 주장을 거절하거나 수용하고 다루기

학급에서 연결의 대화가 필요한 시간

코로나 이후 멀어졌던 친구들과의 애매한 상황을 이겨내는 기본적인 활동은 서로를 다양한 방식으로 알 수 있는 시간을 갖는 것입니다. 수업 방식으로 활용하거나 혹은 수업 시간에 직접 아이들끼리 소개하는 시간을 가질 수도 있습니다. 짝 활동, 모둠 활동, 대화를 소재로 한 집단 활동을 통해 서로를 알아가는 시간이 필요합니다.

미국 보건복지부에서도 학교로 복귀하는 과정에서 필요한 가장 중요한 두 가지 키워드를 '관계'와 '공동체'의 회복이라고 꼽았습니다.[7] 학급에서 친구들과 긍정적으로 친밀감을 높이고, 학급에 대한 소속감을 높이는 활동이 가장 시급합니다.

몸으로 부딪치는 활동이 아니더라도 관계를 촉진시키고 친밀감을 향상하는 다음과 같은 공동체 놀이나 활동이 필요합니다.

- 학급 구성원 소개활동
- 학급 공동체 놀이
- 학급에서의 소속감을 증진시키는 리추얼 만들기: 학급 티셔츠 만

들어 입기, 학급 공동 댄스 혹은 릴, 유튜브 쇼츠 만들기, 급훈 함께 정하기
* 학급이 함께 참여하는 봉사활동

기존 동창이나, 지인과만 연결되고 새로 알게 된 학생들과는 거리를 좁히지 못하는 상황이 2년째 지속되고 있습니다. 기존의 관계를 뛰어넘는 학급 관계가 만들어질 수 있도록 노력해야 합니다.

관계 단절은 은둔형 외톨이 및 학교폭력 증가로 이어질 수도

관계가 단절되고 새로운 관계가 형성되지 않아 학교에 있는 것을 어려워하는 경험은 은둔형 외톨이로 발전하는 시작일 수 있습니다.

관계의 단절이 주는 외로움과 배신감은 상당히 오랜 시간 학생으로 하여금 또래집단에 참여하지 못하도록 만듭니다. 특히 새로운 집단에 가입하거나 새로운 집단을 형성하는 데 어려움이 있는 친구들은 관계 단절을 상대적으로 더 크게 느낍니다. 친구들의 거절을 비호감으로 인식하고 호감을 주지 못하는 자신에 대한 낭패감을 호소하며 학교생활을 중단하는 경우도 있습니다.

코로나 이후 비언어적 의사소통에 자신감이 없는, 다소 눈치가 없는 학생들은 관계에서의 어려움이 더 컸습니다.

다양한 학급 활동, 관계 기반 연결 활동의 긍정적 경험, 환대와 참여

의 경험, 그리고 자신을 알아봐주고 인정해 주는 활동은 은둔형 외톨이를 줄여줄 수 있습니다.

코로나 시기 관계의 단절 그리고 친밀한 경험 부족, 낯선 경험의 증가는 그 자체로 긴장과 경직을 높이고, 갈등을 일으킬 가능성이 높습니다. 현재 현장에서 여러 사유로 학교폭력이 증가한다고 교사들이 호소하고 있습니다. 코로나 이후 학교폭력이 증가할 수 있는 개연성은 다음과 같은 다섯 가지 요인으로 정리해 볼 수 있습니다.

첫째, 교실과 학교 내 학생들 사이에 친밀도가 떨어졌습니다.

둘째, 학생들의 전반적인 사회기술이 저하되었습니다. 자기중심적 생활에 익숙해진 반면 공동체 규범을 준수하는 의지는 떨어진 것입니다.

셋째, 마스크, 차단막 등을 사용하는 데 익숙해져 있다 보니 의사소통이 어려워졌고 이로 인해 의사소통 자체가 부족했습니다.

넷째, 직접 대면해서 의사소통하기보다 소셜 미디어를 통해 의사소통을 하는 데 익숙해져 있습니다. 그러다 보니 오해가 자주 생길 수밖에 없습니다.

다섯째, 친구 그룹이 확장되지 않고 이전 친구끼리만 어울리게 됩니다. 그러면서 새로운 친구를 사귀지 못합니다. 새 친구가 생기면서 갈등이 줄어들 수도 있는데, 학급 내에서 친구 관계가 확장되지 않은 채 유지되기 쉽습니다.

그러므로 학급 안에서 '관계, 공동체'를 주제로 다양한 활동이 필수적으로 전개되어야 합니다. 친밀도를 높이고, 공동체 규범을 공유하고, 오해를 사는 의사소통에 대한 예방적 주의를 학생들은 반복적으로 받아야 합니다.

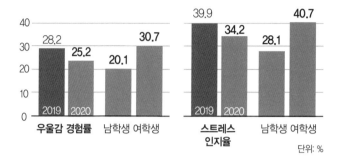

청소년 우울감 경험 현황(중·고등학생 기준)

출처 : 《연합뉴스》

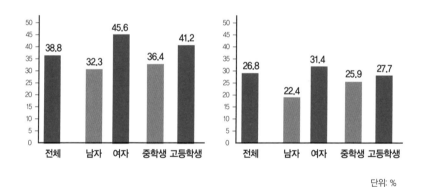

단위: %

스트레스 인지율(2021)　　　　　우울감 경험률(2021)

출처: 교육부·질병관리청

청소년이 고민하는 문제 순위(2020년 13~24세 청소년 기준)

출처 : 《연합뉴스》

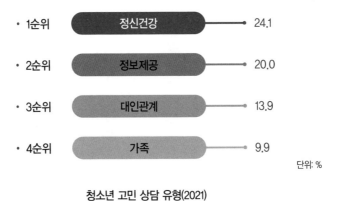

청소년 고민 상담 유형(2021)

출처 : 통계청

소셜 미디어, 특히 카톡같이 텍스트에 기반한 의사소통은 언제든지 오해를 불러일으킬 수 있다는 사실을 서로 이해해야 합니다. 학급 안에서 기존 친구 집단을 넘어선 새로운 친구들이 생겨날 수 있게 하는 학급 활동이 늘어야 합니다.

여학생의 관계 회복에 집중적인 지원이 필요하다

관계의 단절로 가장 크게 고통받고 힘들어하는 집단은 여러 번 언급한 중·고등학교 여학생들입니다.

사회적 고립이 길어지면서 상대적으로 더 관계지향적이고, 감성적이고, 관계의 소속감과 질을 중요하게 여기는 여학생들이 더 큰 고립감, 외로움, 우울감을 겪었습니다. 자해, 자살 시도 등에서 여학생들의 증가폭이 훨씬 더 높게 나타난 것만 봐도 그렇습니다.

우울감 및 스트레스 인지율이 남학생들의 경우 감소하기까지 했는데 여학생들은 반대로 증가폭이 컸습니다. 그래서 전체적으로 청소년들의 정서 상태가 나쁘다고 나타났을 정도로 여학생들은 힘든 시간을 보냈습니다.

통계청이 발표한 청소년 통계에 따르면, 여학생들의 우울감 경험률은 30.7에서 31.4로 높아졌고, 평상시 스트레스를 많이 느끼는 사람의 비율인 스트레스 인지율도 40.7에서 45.6으로 증가했습니다.

여학생의 자해 및 자살 시도 감소를 위한 프로젝트가 시급합니다. 교육부, 교육청이 과감한 예산으로 지원해야 합니다.

코로나 시기에 외로움은 어떤 변화를 일으키는가?

영국의 경제학자 노리나 허츠는 코로나 이전 사회에서도 이미 많은 국가의 청소년들 사이에서 친구는 줄어들고 자신의 가장 큰 고통은 '외로움'이라고 말하는 아이들이 늘어났다고 전했습니다.[8]

미국에서는 밀레니얼 세대 다섯 명 중 한 명은 친구가 한 명도 없다고 보고되었다고 합니다. 영국에서는 18~34세까지 다섯 명 중 세 명, 10~15세 아동과 청소년의 50퍼센트가 자주 외로움을 느낀다는 보고가 있었습니다.

어른들은 '외로움'이라는 감정이 낯설지도 모릅니다. 그러나 지금의 아동·청소년에게 외로움은 흔한 감정이며 다른 문제 행동과 연관되어 있습니다.

이 외로움이 코로나 시기에 더욱 깊어져서 많은 아동·청소년들은 이를 이해받고 치유받고 싶었습니다. 하지만 부모 세대들에게는 외로움이 중요한 감정이었던 적이 별로 없었습니다. 시간이 모자라고, 해야 할 일은 많고, 함께할 형제가 있었던 부모 세대는 외로움에 대해 이해가 부족한 상태라고 할 수 있습니다.

게다가 현대사회에서 필수적인 스마트폰, 스마트폰을 이용한 소셜 미디어는 더욱 연결된 관계를 만들 줄 알았는데 결과적으로 더 외롭게 만들었습니다.

스마트폰과 소셜 미디어는 관심을 주변의 인간관계로부터 빼앗고, 좋아요와 리트윗, 팔로에 집착하게 만들고, 혐오, 분노, 종족주의 등을 악화시키는 데 크게 기여함으로 인해 사람을 더 외롭게 만들고 있습니다.

코로나 시기에 한층 두드러졌던 구조적이고 제도화된 차별은 사람들을 더욱 외롭게 만들었습니다. 인종, 지역, 학력, 성별, 감염과 비감염, 백신 접종자와 미접종자들로 나누는 코로나 차별 문화 속에서 사람들은 더 외로워졌습니다.

이렇게 외로움을 호소하면서도 실제 생활에서는 이를 해소하기보다는 외로움이 커지는 방향으로 행동하는 역설적인 현상이 나타납니다. 현대인은 이전에 비해 종교 활동을 덜 하고, 오프라인 모임(노동조합, 학부모회 등)에 덜 참여하고, 타인을 초대해서 함께하는 파티도 줄고, 친구 한 명 없다고 말하는 사람이 늘고, 성관계를 포함한 신체접촉이 줄고 있다고 합니다.

이 상태가 더 절정을 이룬 것이 코로나 팬데믹으로 록다운lockdown이나 사회적 거리두기를 할 때였습니다. 이제 사람들은 모이지 않고 만나지 않으며, 만나더라도 이전과 같은 열기는 찾아볼 수 없게 되었습니다.

영국에서 '조콕스외로움위원회' 활동 이후 외로움부Ministry of Loneliness가 만들어지고 외로움 예방을 위한 정책이 마련되었던 것은 외로움에 관한 연구 축적 및 그의 영향에 대한 연구 결과들이 알려지면서 가능했던 일입니다. (영국 노동당 국회의원이었던 조 콕스는 외로움이나 분노 같은 마음의 문제를 개인에게 맡기지 않고 사회적으로 다루겠다는 의지를 가지고 있었습니다. 그가 불운한 사고로 희생되자 영국 사회는 그의 뜻을 받들어 위원회를 설립하여 영국 사회 시민들의 고립도에 대해 대대적인 조사를 했습니다.)

외로움으로 인한 사회적 고립의 결과로 코르티솔 및 콜레스테롤 수치 상승, 뇌졸중, 심근 경색, 수술 등이 더 자주 발생한다는 것은 이제 과학적 정설이 되었습니다. 동시에 외로움은 우울이나 자살과는 거의 한몸이라 할 정도로 깊은 연관이 있습니다. 특히 감염병과 연관된 격리나 고립 이후에는 더 구체적인 연관이 있는 것으로 밝혀졌습니다.

2003년 베이징에서 사스로 인해 격리되었던 의료인들은 3년 뒤까지 다른 집단보다 우울증이 현저히 높은 것으로 나타났고, 알코올 중독, 외상 후 스트레스 장애 증상도 더 많았다고 합니다.

외로움의 영향을 알아내기 위한 동물실험도 있습니다. 실험동물들은 고립 기간이 길어질수록 사나워지고 공격적으로 변했습니다. 인간들도 고립되어 지내서 사람을 적게 만나다가 다수에 노출될 때 불안이 심해지고 긴장도가 높아진다고 알려져 있습니다.

코로나 시기에 장기간 학생들이 서로 만나지 않고 고립되어 지내다가 등교하게 되었을 때 갈등과 싸움, 학교폭력이 늘어나는 것은 어찌 보면 외로움의 역학에서 볼 때 당연한 일이라고 할 수도 있습니다. 등교일수가 현저히 적었던 지역과 학교에서 학교폭력 같은 갈등이 더 자주 일어날 수 있음을 시사합니다.

일부 사회심리학자들은 전체주의와 같은 폭압은 젊은이부터 중장년에 이르기까지 외로움이 감정적 핵심이 될 때 일어난다고 합니다. 사회에 자기 자리가 없다고 느끼는 사람들은 이데올로기에 개인적 자아를 투항함으로써 목적의식과 자긍심을 되찾으려 하고, 이것이 공격적이고 힘을 추구하는 방식으로 일어나는 경우가 많은 것입니다. 갈수록 외로움이 대중의 일상적 경험이 되면서 우파 포퓰리스트 지도자들과 극단주의 세력이 이를 악용하는 일이 전보다 빈번하게 일어나고 있다고 합니다.

코로나 이후 인간관계의 경험이 부족한 세대들은 인간관계를 본인의 경험과 다른 사람들과의 교류를 통해 확장하지 않고 돈으로 사려 하는 경향이 농후해집니다. 이는 '친구 산업' '동네친구 사업' 등 이름으로 소개되고 있습니다.

인간관계 파탄, 개별화, 공동체 붕괴는 신자유주의에 기반한 사회 작동 원리가 노골적이고 직접적일수록 크게 일어난다고 합니다. 그래서 외로움이 커지는 것은 신자유주의적 방향, 즉 협력보다 경쟁, 공유보다 소비, 공동체보다 개별화 쪽으로 더 가속화됩니다. 그 결과 외로움은 더 커져갈 수밖에 없습니다.

외로운 개인으로 머무는 대신 공동체와 연결되어 있다는 느낌을 받으면 친절한 행동은 늘어납니다. 또한 가족, 친구, 직장 동료, 이웃들과 이를 나누면서 친절은 더욱 커집니다. 외로움을 떨쳐낼 수 있는 여러 가지 요소들이 작동됩니다. 많은 사람들이 연대를 경험할수록 마을은 활발해지고, 신뢰가 높아지고, 다양한 연결의 선순환이 일어납니다.

코로나 시기 사회적 고립과 이로 인한 외로움은 우리들을 공유하는 사람이 아니라 분리된 사람으로 만들고, 서로를 돕는 사람이 아닌 싸워야 하는 사람으로 만들기도 했습니다. 그러므로 코로나 이후 외로움을 달래고 줄이고자 하는 캠페인이 없으면 사회의 공격성과 피해의식은 더 커질 수밖에 없습니다.

외로움은 어른의 감정이고 아동·청소년은 외로움 따위는 모를 것이라는 통념도 문제입니다. 이 때문에 외로움이 깊은 아동·청소년은 큰 상처를 경험합니다. 외로움을 해소하기 위해 친구를 만나는 데에 호의적이지 않은 문화 때문에 아동·청소년은 외로움이라는 감정에서도 이해받지 못하고 배제되는 경험을 하기도 합니다.

외로움을 쉽게 지각하고, 공허하고 허무한 느낌마저 갖는 사춘기 시기에는 외로움이 여러 감정을 폭발시키는 촉매가 되기도 합니다.

외로움이라는 감정에 대한 이해, 병적 외로움을 달래기 위한 사회적 연대, 다양한 활동에서 참여자 역할 강화는 코로나 이후 절실합니다. 서로 대화하고 인정하고 수용하는 캠페인 또한 적극적으로 도입할 필요가 있습니다.

04

일상 회복 없이 학교생활 회복 없다

힘들어하는 학생에 대한 배려가 필요하다[9]

원격교육을 포함한 순환교육 덕분에 불규칙한 생활에 익숙해진 학생들이 매일 아침 일찍 등교하면서 규칙적인 생활을 하기란 쉽지 않습니다. 마치 앉거나 누워 있다가 갑자기 자전거를 타야 하는 상태나 마찬가지입니다.

하지만 학생들의 새로운 학교생활은 더 변화무쌍할 수 있습니다. 그러므로 자전거를 타기 위해 근육 기억을 깨우는 것보다 더 힘든 일이 될 수도 있습니다. 자연히 조퇴, 지각, 병결 등이 이전보다 훨씬 더 많이 나타날 것입니다.

등교까지는 하더라도 수업에 집중하지 못하고 잠만 잘 수도 있을 것이고, 때로는 짜증이 폭발할 수도 있을 것입니다. 등교 준비가 되지 않은 채 학교에 오고, 학교에서 파괴적 행동을 일삼는 아이들도 있을 수 있습니다.

집에 있는 동안 퇴행했거나, 생활주기가 무너졌거나, 스마트폰에 중독되었거나, 가족에게 집착하여 분리불안이 생겼거나, 학교 공부에 대한 습관이 없어지고 의미를 잃거나, 친구들과 있는 것이나 집단생활에 불편을 느끼거나, 집단생활을 하는 공간이 불편해진 아이들이 전보다 늘어난 상태입니다.

학교에서는 등교 준비가 안 된 학생을 배려하고 이에 대한 대책을 함께 논의해야 합니다. 부모님과도 논의하고 특정한 학생들에게는 단축수업, 개별수업, 상담지원 등을 먼저 시행할 수도 있습니다.

- 생활리듬이 충분히 돌아오지 않은 학생들에게는 충분한 공감이 우선 필요합니다.
- 처벌이 능사가 아닙니다. 원인을 이해하고 그 원인이 치료되도록 지원해 주는 것이 우선입니다.
- 수업이나 직접적인 활동을 무리하게 시도하기보다는 아침에 등교하면 마인드풀니스, 즉 명상을 통해 뇌에 휴식을 줄 시간을 준다거나 차 마시기, 간식 타임과 같은 이완 시간이나 평화 시간을 가지면 좋습니다. 이를 통해 학생들의 상태를 파악하고 하루를 시작할 수 있습니다.
- 새로운 등교 이후 상당한 기간 동안 학교에서 꾸준히 학생들에게 긴장 완화 시간을 주고 학생들의 적응력 향상을 위한 노력을 기울여주기를 권하고 싶습니다.

여유를 주되 무조건 수용하지 마라

성장 과정에 있는 학생들이 변화에 적응하기란 순탄치 않을 수 있습니다. 그런 아이들에게는 어른들의 개입이 잔소리처럼 들리는 경우가 많습니다. 강압적이고 엄격하게 규율을 적용하여 학생들을 빨리 기존의 제도에 적응하게 하려고 하면 긴장한 학생들, 변화에 적응이 어려운 학생들의 저항은 더 거세질 수도 있습니다. 두려움도 커질 것입니다.

스트레스가 높아진 학생들은 등교를 피할 수도 있습니다. 적어도 2~3주간 적응 시간을 주고 학생들과 이야기할 시간도 가지면서 서서히 강도를 조절해 가는 편이 좋습니다.

여유를 갖고 자신들의 엔진을 다시 가동하는 연습을 해볼 수 있게 시간을 주세요. 다시 학교생활의 여러 면에서 튜닝을 할 수 있게 해주세요.

- 매일 등교를 하게 되었을 때 이전과 다르게 모두 약간의 스트레스가 생길 수 있음을 알려주고, 힘든 일이 있으면 도움을 청하라고 알려주세요.
- 언제든지 도움을 줄 수 있다는 것을 알려주세요.
- 필요한 것 중 사소한 도움이라도 지원해 주세요.
- 새로운 루틴을 회복하기 위한 프로그램을 소개해 주세요.

코로나 이후 변화된 생각, 감정, 그리고 생활에서 중심을 잡기가 힘든 학생들은 분명히 존재합니다. 학생들이 새로운 고민을 안고 있는데 막연히 "모든 것이 잘 될 것이다" 또는 "걱정할 것 없다"라고 하는 것은 큰 도움이 되지 않을 수 있습니다.

지금은 구체적으로 노력하고, 의지를 갖고 여러 가지 문제를 이겨내기 위한 노력이 필요합니다. 단순히 안심하고 의존하기보다는 실패해 보는 게 낫습니다. 실패를 하더라도 새로운 생활에 적응을 해나가야 할 때입니다.

학생들을 격려하고 일상의 어려움을 이겨나가는 팁들을 조언해 주어야 합니다. 아이들이 막연하게 안심하고 무조건 지원들이 계속될 거라고 착각하게 해서는 안 됩니다. 지금 학교에 적응하는 데 어떤 문제가 있는지 해결의 실마리를 찾아야 합니다. 학교 적응에 도움이 되는 방법을 두고 브레인스토밍도 하고, 문제 해결 방법을 찾는 등 여러 시도를 해야 합니다.

수업만큼이나 중요한 커뮤니티 만들기

행사에 많은 사람들이 참여하게 하려면 어떻게 해야 할까요? 함께 준비하는 사람들이 많을수록 많이 참여합니다. 파티를 개최한다고 할 때를 예로 들어보지요. 음식 준비를 나누거나, 필요한 장비를 나누어 맡거나, 아니면 사람들을 차에 태워 데리고 오는 역할을 맡겨서 그 행사에 대한 기여를 높이면 참여도가 높아질 수 있지요. 더 기쁜 마음으로 참여할 것입니다.

오랜만에 만나는 학생들과도 비슷한 시도를 해볼 수 있습니다. 학급 커뮤니티를 구축하기 위한 파티나 이벤트를 개최하면서 학생들 각자에게 역할을 주고 기여할 수 있게 하는 거죠. 그러면 학교 복귀가 심리적으로 조금이나마 더 빨라질 수 있습니다.

부담이나 긴장을 크게 느끼지 않는 학생들부터 참여가 가능한 활동을 조금씩 늘려가서 학급 커뮤니티 활성화를 꾀하는 것이 학교 복귀를 촉진하는 데 큰 도움이 됩니다.

교실이나 방을 새롭게 꾸미는 일은 어떨까요. 코로나에 관한 글쓰기 대회를 개최하고 교실에 작품을 전시해 보는 것도 좋습니다. 코로나 시기에 겪은 어려움에 대한 편지 쓰기, 연설대회도 좋습니다. 학생들이 서로 고충을 나눌 수 있을 만한, 너무 어렵지 않은 방식의 예술활동이라면 무엇이든 좋습니다.

이때 학생들의 강점이 발휘될 수 있는 활동이 좋겠지요. 교실 커뮤니티에 활력을 불어넣을 수 있는 활동을 다른 디자인 그룹이나 예술 그룹의 지원을 받아 시작하는 것도 좋은 방법입니다.

이를 통해 학급 공동체에 대한 좋은 느낌을 갖고 성취감을 느낀다면, 학교에 대한 적응도는 크게 올라갈 것입니다.

새롭게 매일 출근하고 이전의 일상생활로 돌아가는 것은 부모, 교사를 포함한 모두에게 일어나는 일입니다. 매일 등교는 교사에게도 큰 변화라는 뜻입니다. 일상생활의 리듬에 적응하는 일은 학생들만이 아니라 부모나 교사에게도 일어날 수 있는 변화입니다. 그러므로 부모나 교사도 생활 변화, 감정 변화, 업무 증가로 인한 여러 일들을 예측하고 자신을 잘 조절할 수 있도록 준비해야 합니다.

그러기 위해서는 우선 자신의 컨디션을 잘 모니터하고 점검해야 합니다. 그리고 생활의 루틴과 일상성을 빨리 복원하고 잘 유지할 수 있는 비법들을 익혀야 할 것입니다. 교사라면 동료들과 함께 소모임을 만들거나, 자신이 겪는 어려움에 대해 대화하고 의논할 시간을 가져보세요.

관계와 연결, 루틴의 재확립

미국 보건복지부 정신건강정책국에서는 학교생활의 회복을 위해 필요한 일곱 가지 전략을 학교에 제안했습니다.[10] 이런 매뉴얼을 보급한 이유는 학생들의 학교 복귀와 이후 적응을 돕기 위해서입니다.

이 내용에서 특별히 강조하는 것은 관계와 공동체였습니다. 관계와 공동체와의 연결을 통해 코로나 이후 새로운 일상생활에서의 루틴을 회복하고 재확립하는 것이 필요하다는 내용입니다. 그 내용은 구체적으로 다음과 같습니다.

① 안전감과 공평감을 키우기
② 학교 공동체를 만들기
③ 학생과 교사들의 정신건강을 지지하기 위한 지역사회 파트너들과 함께 일해 나가기
④ 애도를 파악하고 잘 할 수 있도록 돕기
⑤ 일상과 연대를 재확립하기
⑥ 가정과 학교에서 자신을 조절할 수 있도록 가르치기 위해 마인드풀니스를 활용하기

⑦ 더 좋은 미래를 위한 비전을 만들어가기

환대, 공동체, 일상과 연대의 재확립, 자기 조절과 코로나 이후 사회의 비전이 우리의 루틴을 회복하는 데 크게 기여할 것입니다.

학생들의 대휴학 사태, 우리나라에서도 일어날까?

코로나 시기를 거치면서 미국을 포함해 일부 서구 국가에서는 직장인들의 '대사직Great Resignation'이 사회적 현상으로 나타났다고 합니다.[11]

미국, 호주 등에서 나타난 대사직 현상은 2021년 초부터 직원들이 자발적으로 직장에서 사임하는 지속적인 추세를 일컫습니다. 생활비 상승으로 인한 전직, 오래 지속되는 직업에 대한 불만족, 회사의 안전조치에 대한 불만, 재택근무 협상 실패, 더 나은 근무 조건에 대한 갈망 등이 이런 대사직 현상을 만들었다고 분석합니다. 일부 경제학자들은 대사직 현상이 일종의 노동자 파업과 같은 효과를 나타내고 있다고 보고 있습니다.

'위대한 사직, 대사직'이라는 용어는 텍사스A&M대학교 경영학과 교수인 앤서니 클로츠Anthony Klotz가 2021년 5월에 직원들의 대량 탈출 러시를 예측하면서 만들었다고 합니다. 나라마다 조금씩 다르지만, 미국, 호주, 독일 등의 IT 업계에서는 대사직이 있어서, 통계적으로도 퇴직률이 높게 나타났고, 중국에서도 과로하게 하는 직장은 다니고 싶지 않다는 젊은이들이 나타나 대사직 현상이 일어났다고 합니다.

미국에서는 이런 대사직 현상의 불똥이 고등학생들에게 튀었습니다. 고등학생들 중 적지 않은 수가 다양한 이유로 학업를 중단하거나 중단하고자 하는 시도를 하고 있습니다. 코로나로 인해 학교를 벗어난 생활을 장기적으로 했던 학생들 사이에서 주로 나타나고 있어 전문가들은 이를 예의 주시해야 한다고 밝혔습니다.[12]

학교의 의미를 잃었다든지, 학교를 중심으로 생활하는 라이프 스타일에서 벗어났다든지, 학교에서 배우는 것들을 원격으로 배울 수 있게 되었다든지, 학교에서의 복잡한 인간관계나 성적 관리에서 벗어나고 싶다든지, 이미 자신의 인생에서 중요한 일을 시작했다든지, 이유는 다양합니다. 고등학생들이 주가 되고 있지만 간혹 중학생들도 학교를 중퇴하거나 휴학하겠다는 의사를 밝히고 있다고 합니다.

저도 진료실에서 학교를 중단했거나 중단하는 과정이거나 중단하고 자신의 길을 가겠다는 아이들을 만나고 있습니다. 학교를 그만두고 이제 좀 쉬어야겠다는 아이들도 있습니다. 코로나로 인해 그런 아이들이 늘었고, 앞으로는 더욱 늘어날 것이라는 생각도 듭니다. 학생들의 학교 대중퇴 현상에 대한 연구와 관심이 필요한 시점입니다.

마음 회복 없이 학력 회복 없다

코로나로 인한 학력 저하는 누구의 잘못이 아니다

지난 2년간 학교에 등교한 날은 평상시 출석 일수의 절반에 불과했습니다. 학교를 통한 학습량은 절반이 줄어든 것입니다. 2021년에는 원격수업을 더 적극적으로 활용했지만 청소년들은 원격수업의 효과에 후한 점수를 주지 않았습니다.

코로나 시기, 사회적 거리두기 속에서 양질의 학습 환경을 조성해서 학습이 지속되게 하기란 어려웠습니다. 최초로 전국적 단위의 원격수업을 진행했는데, 이는 우리에게 여러 가지 교훈을 주었지만 동시에 갈등과 도전도 많이 남겼습니다.

우리는 일시적인 학력 저하 상황을 잘 이겨내고 학습의 기초와 뿌리를 튼튼하게 하는 길이 어떤 길인지를 현명하게 통찰해야 합니다. 이 상황을 빌미로 부당하고 입증되지 않은 학습을 강요함으로써 아동학대가 증가한다든지, 근거가 없는 학업 도구를 구매한다든지, 불필요한 구분 짓기나 예산 낭비 같은 일이 일어나지 않도록 해야 합니다.

어떻게 하면 재난으로 인한 학력의 저하를 회복할 수 있는지를 이전 경험과 자료를 잘 점검하여 과학적으로 탐구해야 합니다. 아이들과 교사, 학부모를 근거 없이 비난하는 것은 비과학적입니다. 우리는 이보다 효과적이고 성공적인 접근 방안을 실천해야 합니다.

교육부와 한국교육과정평가원은 2020년 11월, 고2, 중3 학생의 약 3퍼센트를 표집으로 조사해 국어, 수학, 영어 학력을 평가한 결과[13]를 공개했습니다.

이 세 과목의 기초학력 미달은 2017년 이후 2021년에 가장 높은 수준을 보였습니다. 중3들은 국어, 영어에서 모두 평균이 하락했고, 중3의 수학과 고2의 수학, 영어도 하락했습니다. 학업성취도 평가가 표집평가로 전환된 2017년 이후 중3과 고2의 국어, 수학, 영어 과목의 기초학력 미달 비율은 일제히 최고로 치솟았다고 합니다.

그중에서도 남학생, 읍면지역 중학생의 기초학력 미달이 더 심각하게 나타났습니다. 이 세 과목에서의 기초학력 미달 비율은 중3, 고2 전 과목에서 남학생이 여학생보다 높았습니다.

중3에서는 지역 규모별 학력 격차도 나타났습니다. 국어, 수학, 영어에서 보통 학력 이상을 보인 중3 학생 비율은 모두 대도시가 읍면 지역보다 높았습니다. 반면 국어와 수학에서 기초학력 미달인 중3 비율은 읍면 지역이 대도시보다 높게 나타났습니다.

교육부는 코로나에 따른 등교 축소, 원격수업에 대한 적응 등으로 충분한 학습이 이뤄지지 못했다고 봤습니다. 이 때문에 학습에 대한 자신감과 흥미, 학습 의욕이 떨어져 학생들의 학업성취 수준이 저하한 것으로 보인다고 분석했습니다.

학습 부족, 지연, 결핍에 대한 접근 원칙 세우기

미국 심리학자 레베카 브란스테터Rebecca Branstetter는 대감염 시기 발생한 어쩔 수 없는 학습 부족, 학습 지연에 대해 긍정, 강점 중심의 접근과 함께 세 가지 제안을 합니다.[14]

첫째, 기초학력 저하라는 관점이 아니라 학습 기회 상실(부족)으로 다시 보기
부정적 언급, 실패, 낭패감 중심으로 이 시기의 학습 과정을 평가하고 접근하면, 많은 학습자들의 사기가 떨어지고 존중받지 못하는 느낌을 가질 수 있다고 하였습니다. 코로나 시기에 학생들이 발휘한 강점, 미담, 그리고 학습을 충실히 해낸 스토리를 모으고, 강점 중심의 접근을 위한 태도를 견지하는 것이 학생들에게 긍정적 결과를 가져옵니다.

이미 이런 관점 전환과 회복탄력적 평가가 주는 긍정 효과는 충분히 알려졌습니다. 문제를 재구성한다고 문제가 사라지지는 않지만, 문제에 접근하는 태도나 감정이 달라짐으로 인하여 문제를 더 잘 해결할 수 있습니다.

그동안에는 학습에 대한 기회, 시간을 제대로 가질 수 없었습니다. 기회와 시간을 충분히 갖고 효과적인 도움이 제공되면 부족했던 학습

코로나 대감염 시기 강점 중심·회복탄력적 사례 모으기

- 코로나 상황에서도 열심히 한 것들의 목록을 작성해 보자.
- 코로나 상황에서도 자기 계획을 세워 스스로 잘 지킨 것들의 목록과 비결을 이야기해 보자.
- 코로나 시기에 새로운 흥미나 관심을 갖게 된 것들에 관해 이야기해 보자.
- 코로나 시기에 어떻게 새롭게 공부에 접근할지 이야기해 보자.
- 새롭게 공부를 하려고 하는데 방해되는 것들을 이야기해 보자.
- 스스로 공부하려고 도전할 때 필요한 도움, 바라는 도움을 이야기해 보자.

을 복원할 수 있습니다.

무조건 공부를 열심히 해야 한다고 강조하기보다 서클이나 학급 토의에서 강점 중심의 접근을 한 학생들을 발견하고 그 내용을 공유하는 시간을 가져보는 것이 좋습니다.

둘째, 공부를 할 수 있는 상태인지 점검하기

재난에 의해 학습 기회를 가질 수 없었던 학습자에게 곧바로 강력한 학습을 제안하는 것은 효과를 거두지 못합니다. 이는 여러 연구들이 입증하고 있습니다.[15]

코로나 팬데믹 동안 힘들었던 학생에게 학업 수행 능력이라는 데만

좁게 초점을 맞추고, 많은 학습을 제안하고 지원하는 것은 도움이 되지 않습니다. 정서적 안정과 대처 기술이 높아야 학업에서도 성공할 가능성이 높습니다.

미국에서 일어난 허리케인 카트리나에 대한 흥미로운 연구가 있습니다. 재난 이후 회복 과정을 연구했는데 여기에서 한 가지 중요한 사실이 드러났습니다. 교사와 학생 사이의 관계, 부모의 안정적 돌봄과 지지적 관계 등이 학업 회복을 돕는 강력한 요인이었다는 것입니다. 연결된 마음, 관계, 지원이 재난 이후 학력 회복의 가장 큰 힘입니다.

학업 능력이 회복된다는 것은 대감염 시기 학교, 가정, 관계의 밖으로 나갔던 마음을 얼마나 안정되게 다시 연결되느냐에 달렸다고 할 수 있습니다. 이 연결된 마음이 학습의 재부팅을 할 수 있는 관건이라고 재난 회복 연구들은 말해주고 있습니다.

코로나 이후 학업 준비를 위한 상태 파악하기
- 학생들의 안전감, 안정감, 소속감 파악하기
- 학생들의 스트레스, 우울, 불안을 측정하기
- 학생들의 관계망 파악하기
- 학생들의 트라우마 경험 파악하기
- 학생들의 자존감, 자신감, 유능감 파악하고 이야기 나누기

셋째, 학업에 흥미를 가질 수 있는 사회정서학습과 혁신적 학업 모델 도입하기

학업에 대한 흥미가 떨어지고 장기간 학업 경험이 부족해진 학생들에게는 새로운 접근 방식이 필요합니다. 코로나 시기의 경험과 동떨어진 공부보다 코로나와 관련된 주제들이 더 현실적인 공부가 될 수 있고 흥미를 모을 수 있습니다.

코로나가 인류에게 던진 질문은 무엇일까요? 그 의미를 파악하고, 지금 벌어지는 상황을 배움으로 연장하는 것은 중요한 일입니다. 단지 외우고, 풀고, 반복하는 활동이 아니라 다양한 사회정서학습 주제를 통하여 코로나 이후 우리의 삶에 접근하는 공부도 필요합니다.

코로나 시기의 의문, 사건들, 그리고 혐오와 배제를 포함한 다양한 사회적 이슈와 주제들을 가지고 학습에 접근할 수 있고, 원격수업 모델에서 일어나고 있는 혁신적 기술처럼 수업에서 활용할 수 있는 혁신적인 방법들을 통해 코로나 이후의 학업을 추구해 가야 합니다.

코로나 이후 학업을 활성화하기 위한 접근 방식

- 코로나 이슈를 포함한 학생들의 관심사로부터 출발하기
- 다양한 사회정서학습을 학생들과 함께 계획하기
- 교육 주제 및 교육 방법에서 혁신적 접근과 기술을 활용하기
- 학습자의 적극성과 주도성을 되살리는 학생 주도 프로젝트 학습을 기획하고 실천하기

한 가지 더 중요한 것이 있다면 코로나 시기, 참여의 경험과 주도적 활동을 박탈당했던 학생들이 스스로 기획하고 참여하고 평가할 기회를 주는 것입니다. 그래야 학습자로서의 적극성과 주도성을 되살릴 수 있습니다.

기초학력 회복을 위해 하지 말아야 할 실수들

《ASCD》 매거진 편집자인 케이트 스톨츠퍼스Kate Stoltzfus는 기초학력 회복에 대해 교육계 리더들과 활동가들의 논의를 모아서 다음과 같이 제안했습니다.[16]

첫째, 코로나 시기 발생한 학업 손실을 협소한 기초학력의 개념에 갇혀서 평가하지 말아야 합니다.

독서와 수학, 한국식으로 말하면 국영수가 학력을 대표하는 것은 아닙니다. 여러 가지 학업 능력을 골고루 균형 있게 보고 평가하는 것이 필요합니다. 독서와 수학만 강조하는 것은 그 부분에 대한 사교육을 지원하는 꼴이 되어서 아이들의 현실과 균형감을 파괴합니다.

둘째, 코로나 시기 발생한 학업 손실을 격차로 지나치게 강조하기보다는 학업의 출발점으로 인식해야 합니다.

차이나 격차를 강조하면 편견이 만들어지고 상대적 박탈감이 강화됩니다. 차이나 격차를 줄이는 현실적인 도움에 더 집중해야 합니다. 즉 격차가 큰 곳에 더 많이 과학적이고 체계적인 지원을 해야 한다는 것입니다. 단지 학력을 측정하는 데에 몰입해서는 안 됩니다. 그런 방식은 학력 향상에 도움이 안 됩니다.

셋째, 다음의 함정들을 피해야 합니다.

테스트에 집착하지 말아야 합니다. 특히 조기에 반복해서 테스트하는 것은 피해야 합니다. 시험을 자주 본다고 해서 실력이 향상되는 것이 아니라, 포기자만 늘어납니다. 그러면 공부하는 아이들과 포기한 아이들의 격차가 더욱 커질 뿐입니다. 조바심을 버리고 전인적 접근을 하고 부족한 부분에 대한 지원을 충분히 한 후에 평가하는 것이 바람직합니다.

손실을 극대화하지 말아야 합니다. 대신 회복탄력성이나 외상 후 성장을 극대화해야 합니다. 코로나 팬데믹 상황에도 학생들이 성장한 부분이 있을 것입니다. 이를 발견해 내서 서로 칭찬하고 격려하며 지지해야 합니다. 그리고 학생들이 지속적으로 동기를 얻을 수 있는 방식을 찾아내 더 확대해야 합니다. 학생들이 본격적으로 학습을 재개할 수 있도록 동기 부여 행사나 리추얼 과정을 만드는 것이 도움이 될 수 있습니다.

단기적인 성과에 집착하지 마세요. 사회정서학습을 통해 학생들의 전반적인 회복을 도와야 합니다. 학생들이 수업, 학업에 집중하기 좋은 환경을 조성하는 데 노력을 기울여야 합니다.

단기적인 성과에 집착하면 착시가 생깁니다. 학습자의 역량이 커지는 것이 아니라 시험에서 좋은 점수를 내는 데만 혈안이 됩니다. 또한 단기 성과는 관계를 파괴합니다. 준비되지 않은 학습자를 학업에서 몰아내는 장기적인 파괴를 일으키기도 합니다.

새로운 평가와 대안적 모델을 만들어주세요. 코로나 이후를 새로운 출발점으로 삼아 새로운 평가와 대안적 모델을 만들어주세요. 이를 통해 학생들의 전반적 상태를 반영해 주세요.

코로나 이후 우리가 깨달은 것을 중심으로, 무엇이 기준이 되고 평가의 중심에 있어야 하는지 논의해야 합니다. 교육에 필요한 것이 무엇인지를 논의해서 코로나 이후 더 좋은 미래를 만들기 위해 노력해야 합니다.

학습 손실이라는 관점에서 벌어지는 실수들

캔자스대학교 교육학과 용 자오Yong Zhao 교수는 논문 「학습 손실 함정」에서 '학습에 손실이 있었다'는 관점에서 보았을 때 저지를 수 있는 실수는 무엇인지, 이를 피하기 위해 견지해야 할 자세는 무엇인지에 대해 다음과 같이 제안합니다.

첫째, 차디찬 숫자로 표현된 학습 손실 함정은 학생이나 교사, 학부모가 해야 할 것을 하지 않았다는 오해를 낳습니다.

그런 오해는 재난 시기에 학습이 불가능했다는 사실을 반영하지 않습니다. 팬데믹으로 등교할 수 없었고, 학업에 충분한 원격 교육 인프라나 내용이 준비되지 않았다는 사실은 잘 반영하지 못합니다.

만일 숫자 상승에 초점을 맞춘 정책 입안자들이 재난 이후 상황을 고려하지 않고 계획을 짜면 그 계획은 다시 실패하게 됩니다. 표준화된 평가에 더 많은 예산을 낭비하게 되고, 이것은 결국 잘못된 교육이 되고, 학생들과 가족들보다는 평가회사에 더 큰 이익을 남기게 될 것입니다.

둘째, 학습 손실은 독서와 수학 분야에 국한되지 않고, 다양한 사회 정서 역량에 널리 존재합니다.

지금의 학습 손실 함정은 특정 과목과 활동에만 집중되어 측정하고 논의를 만듭니다. 이는 학생들의 폭넓은 역량을 측정하지 않습니다. 대신 특정 과목만 측정함으로써 마치 교육의 기초 역량이 그 과목들로 대표된다는 인상을 주어 교육을 오도합니다.

셋째, 시험 치는 분위기가 지배하면, 재난 이후 필요한 따뜻한 학교 분위기는 사라지고 평가에 의한 서열만 강조됩니다. 결국 학생들의 적응력이 오히려 떨어지게 됩니다.

평가 위주의 기초학력 측정은 학교를 시험장으로 만드는 데 일조합니다. 또한 시험과 평가 위주의 교실은 경쟁이 지배합니다. 시험과 평가의 결과로서 성적이 삶의 역량, 행복을 대표하지 못한다는 여러 연구가 있습니다. 그럼에도 시험과 평가가 학생들 사이에 많은 것을 대표하게 되면 더 불행한 삶을 권하는 것과 같습니다.

넷째, 학생과 가족이 참여하고, 실제 손실이 일어난 부분을 현장에서 찾아 다양한 분야에서의 손실을 다양하게 회복할 수 있게 해야 합니다.

코로나 시기 많은 학교활동과 학업에서 학생과 가족이 소외되었습니다. 이들이 참여해서 회복 작업을 할 수 있어야 실제 손실을 메우고 회복할 수 있습니다.

학력 손실은 다양한 차원에서 일어났습니다. 더 포괄적인 차원에서 손실을 추적하고 복원할 수 있게 학생들이 참여하도록 해주세요. 독서와 수학에만 집중하면 다른 영역의 손실은 더 커질 수도 있습니다. 이 과목들에 쏟는 시간만 늘어나면서 다른 영역이 침해당할 것입니다.

실수를 줄이기 위해서는 다음 다섯 가지를 실천하는 것이 중요하다고 자오 교수는 말합니다.[17]

첫째, 학생들의 현장에서 손실을 듣고 출발해야 합니다.

둘째, 손실을 회복하는 과정에 현장의 교사, 학생, 가족들의 참여가 포함되어야 합니다.

셋째, 손실이 일어난 영역을 잘 발견하고 개입해야 합니다.

넷째, 지금까지 잘되고 있는 새로운 시도는 멈추지 말고 지속해야 합니다.

다섯째, 단지 한두 과목의 시험 성적을 올리는 것이 아니라 코로나 이후 더 나은 교육을 위한 제안들이 시도되어야 합니다.

원격수업에 대한 평가와 논란

통계청에서 발표한 2022년 청소년 통계에 따르면 우리나라 학생들의 원격수업에 대한 평가는 '효과적이지 않았다'는 입장입니다.

원격수업은 사회적 거리두기로 인해 시작된 최초의 전국 차원의 수업입니다. 그러나 준비 시간뿐 아니라 원격수업에 대한 합의 및 이해 없이 시작된 활동이라 효과성을 엄격하게 따지기는 어렵습니다.

수업으로서 얼마나 효과가 있느냐보다 중요한 것은 그 시기에 원격수업을 통해서나마 아이들의 학습, 관계 상태가 얼마나 잘 유지되었는가라고 생각됩니다.

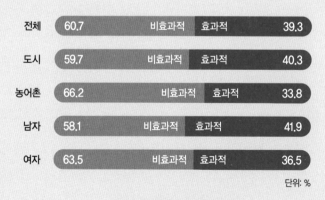

코로나로 인한 원격수업 효과성

출처 : 통계청 2022

원격수업에서는 복합적 요인이 작용한다는 이해가 절대적으로 필요합니다.

미국 공영 라디오방송NPR의 아냐 카메네츠Anya Kamenetz는 원격수업에 대한 비평을 내놓았습니다. 그것을 간추려 보겠습니다.[18]

첫째, 실제 원격수업을 개시하고 나서 우리 사회의 디지털 격차가 아주 크고 복잡하다는 것을 알게 되었습니다

기기를 소유하고 있느냐 하는 문제부터 원격수업의 소프트웨어를 지도할 수 있는 학부모와 지도가 불가능한 학부모들의 디지털 리터러시 차이까지 큰 격차가 있다는 사실을 알게 되었습니다.

원격수업은 학업 격차, 문화 격차를 더 크게 벌릴 수도 있습니다. 부모에 대한 지원, 디지털 리터러시 교육, 학생들의 학업 환경에 대한 지원이 함께 고려되어야만 원격수업의 효과가 전반적으로 나타날 수 있습니다.

둘째, 원격수업 참여에는 교사와 학생 관계가 전부라고 할 수 있을 만큼 중대한 영향을 미쳤습니다

원격수업을 시작하고 나서 적극적으로 참여하는 학생들은 이미 학교생활, 선생님, 친구들과 좋은 관계를 맺고 있었습니다. 결국 원격수업 참여도 관계가 전부였던 것입니다.

학교, 선생님, 친구들과 관계가 좋지 않은 학생들은 다른 부가적인 지원이 없으면 원격수업에 적극적으로 참여할 가능성이 낮습니다. 이는 성적이나 수행, 학교 등록의 유지에까지 크게 영향을 미칠 것입니다. 역설적으로 원격수업의 성공 여부는 현실에서의 관계와 질에 달려 있었습니다. 관계가 원격수업에서도 가장 중요한 요인이었습니다.

셋째, 디지털 원격수업에서 모델을 만들고 표준화를 하기에는 아직 많은 시간이 필요하다는 것을 알았습니다

디지털 원격수업을 잘 해내기 위해 필요한 기술, 수업 내용, 시스템을 갖추기 위해서는 시간이 필요합니다. 비록 대기업들이 기술적인 부분을 지원한다고 하지만, 아직 시간이 필요합니다. 디지털 원격수업의 규범 및 형식을 교사들이 만들어야 하는데, 이를 하나로 통합하기에는 부족한 점이 많습니다.

넷째, 디지털 원격수업 방식으로는 배움이 불가능한 아이들이 적지 않습니다

책상에 앉아 있기도 힘들어하는 주의력결핍 과잉행동장애 아동을 비롯해, 다양한 어려움을 가진 많은 학생들이 원격수업 방식에 접근하기 어렵다는 것을 알게 되었습니다.

이런 학생들의 비율은 적어도 10퍼센트 이상이며, 디지털 원격수업이 아닌 다른 방식의 접근이 필요합니다. 장애, 등교일수, 질병에 따라 아이들에게 맞춤형 수업을 제공할 수 있도록 집단 간, 교사 간 훈련이 필요합니다. 선생님을 지역사회나 가정에 파견해서 소그룹으로 지도하는 방법부터 일부 그룹은 학교로 오게 하는 방법까지 원격수업이 어려운 집단에 대한 대책이 필요함을 알게 되었습니다.

06

대화 회복 없이 가족 회복 없다

코로나로 장기간 동거해야 할 때 필요한 것들

청소년기에 들어선 자녀가 부모와 완벽하게 의사소통을 하기란 불가능합니다. 또한 많은 발달학자나 의사들은 부모와 모든 것을 상의하는 청소년이 건강하다고 생각하지도 않습니다. 지나치게 너무 많은 것을 상의하는 아이들은 의존적이거나 퇴행한 아이라고 봅니다.

알고 있다시피 청소년기는 신체적·심리적으로 부모로부터 독립하는 시기입니다. 그러므로 안전하게, 건강하게 독립하도록 돕는 것이 건강한 부모의 의무입니다.

이를 관계의 '거리'로 비유하자면, 밀착된 관계에서 조금씩 적절한 거리를 두는 관계로 지내야 한다는 뜻입니다. 청소년기가 되면 집 밖에서 지내는 시기가 점점 늘고, 부모가 아닌 친구나 선생님들, 다른 어른과 지내는 시간도 늘어납니다. 부모 외에 자신의 문제에 대해 상의할 존재가 아이들의 세계에 등장하고, 이렇게 삶의 무대가 달라지게 되지요. 그러므로 청소년기의 부모와 자녀는 적절한 거리를 가지고 중요한 의제를 필요한 시점에 민감하게 다루어나가면서 서로를 조절해 가는 과정에 있습니다.

그런데 코로나는 청소년기 아이들을 다시 가정으로 돌려 보내고, 친구나 다른 어른들을 오랫동안 만나기 어렵게 만들었습니다. 넓은 세상이 아닌 가정이라는 협소한 장소로 밀어 넣는 바람에 여러 갈등과 충돌이 재현될 위험성이 높은 채 지내게 된 것입니다.

코로나 가정 대이동 시기에 가정에 상처와 혼란을 줄일 수 있는 몇 가지 방법을 제안하고 도움을 드리고자 합니다.

첫째, 부모교육은 필수입니다

가정으로의 대이동이 또 일어날 경우에는 정부 혹은 교육청에서 보다 과감하게 부모교육을 해야 합니다. 부모가 여기에 대비할 수 있도록 마음을 다잡고 아이들과 대화할 준비가 되도록 사전에 지원해야 합니다.

부모교육의 내용은 세대적 특성에 따라 가치관의 차이가 큰 영역에 대한 이해도를 높이는 데 집중해야 합니다. 부모교육의 기술적 부분은 청소년과의 대화, 경청, 공감에 대한 교육이 중요합니다.

둘째, 생활 관리 프로그램, 자기관리·자기돌봄 매뉴얼 등 생활이 지원되어야 합니다

학생들이 가정에서 잘 지낼 수 있도록 모델을 제공받는다면 큰 도움이 될 것입니다. 생활계획과 시간표 모델들이 제시되고 학생들이 그 시간표나 모델에 따라 지내면, 막연하게 시간을 흘려 보내지 않을 수 있습니다. 생활 매뉴얼, 생활시간표, 자기관리 매뉴얼, 자기지원 모델을 다양한 플랫폼을 통해 지원해야 합니다.

부모에게 부모교육을 지원한다면, 학생에게는 가정에서의 생활을 자율적으로 조직할 수 있도록 여러 연결 채널, 자기관리 관련 사이트 등을 알려줌으로써 학생들도 생활 관리, 자기돌봄 등에 대한 많은 정보를 갖게 하자는 것입니다.

셋째, 가정에서 가르칠 것들을 준비해 주세요

학교에서의 가르침과 배움이 중단되었다면 가정이 바통을 이어받아 가르침과 배움을 이어가면 됩니다. 가정교육을 준비해 주세요.

부모가 자녀에게 가르칠 수 있는 특별한 내용들이 있습니다. 가정 내의 전통적 교육부터 아버지의 역사, 어머니의 역사도 그 대상입니다. 가정만의 특별한 요리법도 있을 것이고, 식물 키우기 등 여러 가지 살림법도 있을 것입니다. 부모가 자녀에게 줄 수 있는 가정에서의 전통 교육도 도움이 됩니다.

교육은 학교에서만 이루어지는 것이 아니라 가정에서도 이루어지는 중요한 활동입니다. 학교에서 배우지 못했던 것들을 부모에게서 배울 수 있습니다.

넷째, 집안일을 통해 회복탄력성을 다지도록 도와주세요

가정으로의 대이동으로 아이가 집에 오래 머문다면 아이의 자리를 만들어주고, 공간을 허락하고, 역할도 만들어주어야 합니다.

어떤 아이들은 가정 안에 자신의 공간, 역할이 부재하거나 빈약하여 집이 불편하다고 합니다. 그러므로 침범되지 않는 공간과 침해되지 않는 역할이 있어야 합니다. 숨 막히지 않게 해야 가정에 머무는 것이 가능합니다. 대화, 생활, 문화 공유를 통해 세대의 간극을 좁혀나가면서 서로에 대한 이해가 높아지면 가정에서의 혼란이 다소 줄어들 수 있습니다.

코로나 초기에는 부족했지만, 이후에 상당히 많은 정부 기관과 청소년 기관에서 부모교육, 부모 대화 등이 방송이나 교재로 만들어졌습니다. 교육부와 교육청에서 만든 프로그램을 비롯 방송이나 유튜브에서 찾을 수 있는 좋은 콘텐츠들이 준비되어 있습니다.

추천 리스트

- 〈세상을 바꾸는 시간〉 '서울시 교육청' 시리즈, CBS
- 〈우리 아이 마음 해결사〉, 대한소아청소년정신의학회
- 〈위닥터〉, (사)열린의사회
- 〈교육 대기자 TV〉

학생을 위한 활동 목록과 지원, 프로그램 연계

학생들이 독립적이고 자주적인 생활을 하기 위해 가정에서 할 수 있는 일들의 목록, 특히 발달단계, 초·중·고등학생들의 가사 활동들을 정리하고 제시해 주는 것이 필요합니다.

학생들이 지역사회에 참여하거나 봉사할 수 있도록 일정한 공간이나 활동이 필요합니다. 이러한 활동이 지역사회에서 잘 연결되어 있도록 체계를 갖추면 좋습니다. 마을 교육 공동체와 연결되는 것도 좋습니다. 지역의 마을 교육 공동체에서 프로그램을 운영하고, 청소년들이 참여할 수 있으면 좋겠습니다.

부모님들의 이야기

부모 모임 ①_ 2021. 9~10

- 온라인 등록하고 원격수업을 다니는 전문대생 아들은 이번 학기만 다니면 졸업이다. 이렇게 졸업이라니……. 이게 무슨 의미가 있나 싶다. 그리고 군대 갈 예정이라고 한다. 우리 아이가 제일 불쌍하다.

- 대학에 입학하고 온라인 등록해서 수업을 원격으로 내내 들었다. 휴학하고 군입대하는 아들이 불쌍하다.

- 알바 자리 하나 쉽게 구하지 못하는 이 시대 청년들이 불쌍하다지만, 그래도 부지런한 아이들은 다 구하더라. 그건 개인마다 다르다.

- 학교 입학하고 나서 확진자가 갑자기 늘어서 학교에 며칠 나가지도 못했다. 1학기에는 열흘도 가지 못했다. 1학년을 제대로 겪지 못한 것이다. 올해 들어 학교를 조금 가는 편이지만 로테이션으로 가다 보니 여전히 학교에 적응을 충분히 하지 못한 것 같다.

- 지금 고등학교 2학년이지만 여전히 중학생 같다. 뭐라고 한마디 하면 신경질만 낸다.

- 집은 전쟁터다. 침묵과 전쟁의 반복. 집은 아이 것이 되었고 부부가 나가서 산다는 편이 맞다. 반복되는 아이의 자해를 걱정하고 있다. 자해를 하

고 있는 줄은 꿈에도 몰랐다. 심한 편은 아니지만 정신건강의학과나 상담소에 데려가야 하나 걱정이다. 하지만 아이는 안 간다고 난리다.

- 아이가 원래 은둔형 외톨이인데 자기 세상을 만난 것 같다. 아주 좋아한다. 방에서 꼼짝 않는 생활이 더 심해졌다. 학교에 가지 않아도 된다는 데에 만족하고 코로나 바이러스에 감사한다. 지속적으로 코로나 같은 바이러스를 어디선가 공급하면 좋겠다고까지 말한다.

- 입원에 대해 상의하고 싶다. 도저히 집에서는 안 될 것 같다. 왜 이렇게 청소년 입원 시설이 없는가? 그리고 청소년도 꼭 본인이 입원에 동의해야만 입원이 가능한가? 부모 동의로만 강제로 입원할 곳은 없는가? 부모가 감당할 수 있는 아이가 아니다. 이런 애들이 한둘이 아니다.

부모 모임 ②_ 2021. 9

- 무기력해진 아이들 어떻게 도와주어야 할까요?
- 스마트폰만 잡고 있는 아이들, 제발 스마트폰과 떨어뜨려 놓을 수 없을까요?
- 공부로부터 멀어진 아이, 어떻게 도와주어야 할까요?

07

혐오와 차별, 배제를 넘어
더 나은 미래 만들기

예측할 수 없는 변화의 연속

이 책의 발간을 여러 번 미룰 수밖에 없었던 이유는 코로나 상황의 지속적인 변화 때문이었습니다. 코로나 팬데믹이 선언된 이후 코로나 바이러스는 델타 변이에 이어 오미크론 변이에 의한 대감염 등으로 예측할 수 없는 변화를 겪었고, 이런 변화는 지금도 계속되고 있습니다.

현재 가장 큰 이슈는 롱 코비드와 코로나 후유증의 여파, 그리고 코로나 대감염이 또 다른 변이와 함께 올 것인가 하는 문제들입니다. 어떤 학자들은 코로나가 이제 팬데믹pandemic에서 엔데믹endemic으로 변화되어 인플루엔자 독감 백신을 맞듯이 매년 코로나 백신을 맞으며 살아야 한다고 주장하기도 합니다.

새로운 상황이 생길 때마다 우리가 받은 상처와 두려움, 여러 심경의 변화가 컸습니다. 우리 어린이·청소년들의 마음도 마찬가지입니다. 이제는 우리의 미래를 장담할 수 없는 뷰카^vuca 시대가 본격적으로 시작되었다고 말합니다. 'vuca'는 변동성^volatility, 불확실성^uncertainty, 복잡성^complexity, 모호성^ambiguity의 앞 글자를 조합한 말입니다.

그러므로 이 책에 담긴 팩트와 회복에 관한 이야기는 글을 쓰는 이 순간까지의 논의를 담습니다. 또다시 급변하는 상황이 온다면 다른 어느 때보다 책의 운명이 짧아질 수도 있으리라 생각하며 이 글을 쓰고 있습니다.

세계사적 사건이자 인류의 전환점

우리는 비교적 담담하게 이 시기를 넘어가고 있지만, 코로나 대감염은 중세의 페스트, 1910년대의 스페인 독감에 이어 전례 없는 세계사의 중요 사건으로 남을 것입니다. 피해가 극심한 일부 국가에서는 많은 사람이 죽었고 사회 시스템에 대한 불신을 일으키기도 했습니다. 이런 전환적 사건들로 인해 지구 문명에 관한 논쟁이 격하게 일어날 것이라고 많은 학자들은 이야기하고 있습니다.

코로나 이후 사회 운영 방식에 대해 다양한 주장이 제기되고, 찬반과 저항 그리고 토론과 투쟁이 이미 펼쳐지고 있습니다. '코로나 이후'를 이야기하는 책들이 쏟아지기도 했지요. 과연 어떤 대전환이 일어날지는 지켜보아야 할 것입니다.

훗날 코로나 대감염은 어떤 역사적 계기의 폭발점으로 기억될까요?

중세의 페스트는 르네상스의 배경이 되었고, 근세의 스페인 독감은 1차 세계대전 및 파시즘과 깊은 연관이 있다고 합니다. 4차 산업혁명을 이야기하는 이 시대에 일어난 코로나 팬데믹은 우리를 어떤 문명으로, 어떤 기술로, 어떤 사회적 공동체로 전환하도록 안내할까요?

사람들은 이 변화와 전환을 관찰하고 추적하고 있습니다. 우리 안에 잉태된 새로운 문명의 씨앗들이 어떻게 발아할 것인가 질문을 던지고 있습니다. 코로나로 인해 새로운 사회경험을 하면서 국가, 산업과 기업, 학교와 가족의 역할에 대한 고민도 복잡해졌습니다.

지구와 인류를 위하여 무엇이 좋은 결정인가에 대한 숙의와 의사결정은 이익 발생, 이익에 대한 태도, 단기적 관점이냐 장기적 관점이냐에 따라 달라질 수 있습니다. 신자유주의의 부흥이냐 아니면 차단이냐를 두고 논란도 계속되고 있습니다. 포퓰리즘의 등장과 함께 새로운 혐오와 갈라치기를 시작한 정치의 영향도 우리에게 어떤 변화를 가져올지 알 수 없습니다.

철학자 지젝이 예고했듯이 지금 국가 간의 전쟁이 시작되었습니다. 원자재, 식량 갈등과 위기도 시작되었습니다. 더불어 오랜 고립과 피로, 코로나로 인한 다양한 갈등이 지구 곳곳에서 정신건강 위기로 나타나고 있습니다.

인플레이션, 스태그플레이션 이야기가 나오고 있는 이 시기를 지나 인류사적 전환이 어떻게 전개될 것인지가 우리 통찰의 중요한 시사점들입니다. 지젝은 우리 모두가 철학자가 되어 새로운 사유를 하고 활로를 모색해야 한다고 주장했습니다.

"코로나 팬데믹 회복 전략은 가장 약한 사회가 충분히 지원받는 것으로 짜여야 한다." — 말콤 글래드웰의 통찰[19]

저널리스트 말콤 글래드웰은 경제학자 크리스 앤더슨Chris Anderson과 데이비드 샐리David Sally가 쓴 축구 이야기를 코로나 회복의 화두로 삼았습니다. 축구는 가장 뒤처진 선수의 기량이 승패를 결정짓는 스포츠라고 합니다. 그래서 축구를 '약한 고리 스포츠'라고 합니다. 반면 농구는 이와 정반대로 잘하는 선수가 주도하는 스포츠이고, 그래서 '강한 고리 스포츠'라고 했습니다.

코로나 팬데믹을 통과하고 있는 세계는 어떤 스포츠에 더 가까울까요? 천재 몇 명이 이 사회를 살릴 수 있을까요? 아니면 시민 모두가 기량을 발휘해야 하고 특히 '기량이 낮다'고 할 수 있는 소외되거나 배제되었던 시민들의 기량이 중요한 사회일까요?

말콤 글래드웰은 전 세계가 하나로 연결되어 지내왔던 지구는 현재 약한 고리 스포츠인 축구에 더 가까운 상태라고 진단합니다. 그러면서 우리의 약한 부분들을 향상시키지 않으면 생존하기 어렵다고 지적했습니다. 약한 부분에 대한 전적인 지원이 없으면 전체가 위기에 처할 수 있음을 사회와 정치인들이 인식하기를 촉구하였습니다. 코로나 이후 새로운 감염에 있어서도 우리의 약한 고리에 대한 대비가 충분히 되어야 더 큰 손실이나 상처를 줄일 수 있다고 했습니다.

또한 그는 2차 세계대전이라는 인류의 큰 상처를 극복해 가던 과정에 대해 이야기합니다. 미국에는 루스벨트, 영국에는 처칠이라는 비범한 지도자가 있어서 국가의 공공제도를 강화하고 공동체성이 분열되지 않도록 기여했습니다. 지금 팬데믹 이후의 상황을 타개할 수 있는 지도

자들의 역량에 따라 여러 나라 국민의 운명에 희비가 갈릴 것이라고 말했습니다.

나라의 제도에 따라 지원 정책에 따라 차이가 있을 수 있지만 얼마나 힘든 국민들을 잘 찾아내고 제대로 지원하느냐가 관건입니다. 대기업과 부유층의 손실을 보전해 주는 데만 관심 있는 국가들은 다수 시민들의 상당한 저항에 직면할 것입니다. 가장 큰 상처를 받은 약한 고리의 시민들에게 주의를 기울여 지원하는 국가와 사회의 정책이 필요합니다.

더 깊이 성찰해야 하는 것들도 있습니다. 이런 팬데믹이 또 찾아올 것이라는 과학자들의 경고는 계속되고 있습니다. 그렇다면 팬데믹을 멈추게 하기 위해 근본적으로 노력해야 할 일은 무엇일까요?

우선 환경의 재앙을 만들어온 어른들의 반성이 필요합니다. 그리고 새로운 미래를 살아갈 아동, 청소년, 청년들을 위해 지구 환경과 기후, 생태적 전환에 큰 변화가 있어야만 합니다.

말콤 글래드웰도 한 대담에서 코로나 팬데믹은 연속되는 시리즈 중의 일부라는 입장을 밝혔습니다. 앞으로도 지구 온난화, 환경 파괴에 따른 다른 재앙이 계속될 수 있고, 이를 멈추기 위한 인류의 대책이 필요하다고 주장했습니다.

"코로나 이후의 사회는 생존 그 자체에 집착하는 사회, 디스토피아가 될 수 있다." — 철학자 한병철의 통찰[20]

독일에 살고 있는 철학자 한병철은 코로나를 경험하면서 겪은 우리 사회를 디스토피아로 서술했습니다. 코로나 이후 사회는 생존이 더욱 강조될 것이라고 주장하기도 했습니다. 생존의 가치, 경제적 가치가 절

대화되고 그 이외의 가치는 더 밀려날 것이며, 마치 사회가 금연을 강조하는 패러다임이 지배하듯이 금지와 감시의 사회가 될 것으로 전망했습니다.

그는 삶이 생존으로 얼어붙는 격리 공간으로 구획되었고, 팬데믹은 사람들에게 죽음을 가시화했고, 사람들은 더욱 신경질적으로 변했다고 합니다. 재택근무, 스마트 근무라는 새로운 근무 형태가 확대되었지만 이는 집마저 강제노동 수용소처럼 변화되는, '스위트홈' 마저 자본에 빼앗기는 꼴이 되고 말 것이라고 경고했습니다.

지나친 건강 이데올로기와 자기착취로 인해 우리는 모든 측정 도구에 삶이 종속되어, 삶은 측정 가능한 것, 측정된 인증서 없이 지속하지 못하는 시대에 도래했다고 말합니다. 종교, 문화마저 감염과 건강 이데올로기에 굴복하고 생존의 히스테리가 지배하면서 우리는 제한된 활동을 할 수밖에 없습니다. 이런 한계로 인해 나이만 먹으면서 경험 없이 늙어가는 상태에 처했다고 말합니다.

또한 생존이 강조된 자본주의 사회에서 여러 삶의 서사는 불가능해지고 마치 죽은 듯이 살아가야 하는 인생이 지속되다보니 실제 삶은 좀비처럼 되어갈 것이라고 했습니다. 격리의 반복은 여가나 휴식이 아니라 강제된 활동정지일 뿐 사람들에게 그 어떤 기회도 제공해 주지 않습니다.

이 생존 사회에서 다시 붐을 일으키는 것은 건강 이데올로기가 중심이 된 자기돌봄이자 자기면역 강화입니다. 그렇기에 자신의 건강에 대한 집착과 착취가 심해지고 자신과 가족의 건강에 대한 집단 히스테리가 더 심해질 것이라고도 했습니다.

다시 팬데믹이 올 것이라는 예고는 우리 사회를 마치 테러가 다시 일어날 것에 대비하는 사회처럼 만들어나갈 것이라고 했습니다. 적의 귀환에 대비해야 하는 사회, 숨어들어 오거나 몰래 찾아올 적에 대비해 우리는 몸수색 정도는 언제나 받아들이고, 정보 수색, 이동의 자유 제한은 언제나 동의해야 하는, 강력히 제한된 사회로 걸어 들어가고 있는 셈입니다. 누구나 잠재적인 바이러스 운반자로 의심받고 격리를 받아들여야 하는 감시사회가 되는 것을 허용해야 하는 상황입니다.

더 강력해진 국가의 감시·통제하에서 시민들이 어떻게 자유와 평등을 누리며 인간답게 살 수 있을지에 대해 논의하는 것이야말로 깨어 있는 시민들이 해야 할 일입니다.

"과학이 실패한 것인가, 국가의 공공정책이 실패한 것인가? 냉정히 평가하고 변화의 중심을 읽어야 한다." ― 모하메드 엘 에리언의 통찰[21]

코로나 이후의 사회가 어떻게 변화할 것인가에 대해 모하메드 엘 에리언은 다음의 세 가지 영향을 이야기합니다.

첫째, 코로나 이후 사회는 국가의 개입이 훨씬 커질 가능성이 높다고 전망합니다. 둘째, 기업을 포함한 사회에서 위험에 대비하는 전략이 더 강화되고, 더 신중하게 운영할 것입니다. 셋째, 글로벌화에 제동이 걸리고, 새로운 로컬화 시스템을 구축하기 위해 많은 논의가 이루어질 것입니다. 그러나 백신 문제를 포함하여 여러 가지 면에서 글로벌 공조가 중요함은 심각한 딜레마를 안길 것입니다.

코로나 이후 국가, 지역 간의 협력이나 배려, 의료인을 포함한 필수 노동자 집단의 사회적 중요성, 그리고 아동·청소년의 발달을 지속하도록 학교와 교육을 유지해 주는 교사 및 교육 관련 노동자들의 중요성을 알게 되었습니다. 그리고 민주사회의 시민으로서 시민들이 자발적으로 발휘하는 협력, 공동체 의식 등의 중요성에 대해서 실제적으로 알게 되었습니다. 이런 협력과 공동체 의식을 사회적으로 육성하지 못하는 사회는 이제 고립되거나 도태될 수도 있다고 경고합니다.

모하메드 엘 에리언이 경고하는 또 다른 중요 이슈는 불평등 문제입니다. 거의 모든 사회에서 코로나는 불평등을 보여주었습니다.

우리나라에서는 백신 접종이나 의료 시스템 이용 면에서 다른 나라에서처럼 불평등이 적나라하게 나타나지는 않았습니다. 그러나 배달노동자 문제부터 간호사를 포함한 의료인들에 대한 사회적 지원, 학력을 중시하는 학벌사회, 일종의 신분사회 같은 기능을 하는 교육에서의 불평등까지 제기되고 있습니다.

사교육이 가능해서 학교 교육을 대체할 수 있는 상류층 집단의 시험 대비 교육은 코로나 시기에도 큰 문제가 없었습니다. 하지만 공교육에 돌봄과 학력에 대한 지원을 의존하는 시험 대비 교육에서의 하위권 학생들은 큰 시련을 겪었습니다.

부의 불평등이 기회의 불평으로 어떻게 작동하는지를 코로나 시기에 여러 분야에서 충분히 알게 되었다고 할 수 있습니다. 그런 점에서 그는 사회가 겪고 있으며 해결해야 할 모순으로 크게 세 가지를 지적합니다.

첫째, 국가와 기업 사이의 모순이 코로나 팬데믹으로 인해 발생했습니다. 국가는 사회적 거리두기를 포함한 사회 개입 정책을 시행하면서 이익이 갈리는 경제권의 모순에 어쩔 수 없이 개입했습니다. 앞으로 비숫한 일이 발생할 때 어떻게 개입하는 것이 여러 당사자에게 피해를 최소화할 수 있을지에 대해 입장을 정리해야 합니다.

둘째, 국가와 기업의 요구와 의료적 요구는 상당히 대립된다는 것을 알게 되었습니다. 감염 확산을 막기 위한 정책의 완급 조절은 국가나 기업의 경제적·사회적 요구와 함께 조절되어야 합니다. 모두가 만족하기는 어렵지만 그래도 사회적 합의를 이루는 과정이 지금보다 나아지기를 모두가 바랄 것입니다. 이에 대해서도 다음에 유사한 상황이 벌어졌을 때 어떻게 하는 것이 바람직한지 정리해야 합니다.

우리나라는 교육적 요구도 보태야 할 것 같습니다. 학부모들의 학교와 입시에 대한 요구가 팬데믹 방역 정책이나 치료 정책과 부딪칠 때 어떤 결정이 가장 바람직한지에 대해서도 입장이 필요합니다.

셋째, 팬데믹 시기에 개인과 집단의 이해는 곳곳에서 충돌합니다. 법률로 정비된 것도 있지만 법률을 넘어서는 충돌에 대해서는 사회적 정비가 필요합니다.

높은 시민의식을 지녔지만 동시에 편견과 낙인 등 강한 집단주의 문화를 갖고 있는 우리나라에서는 무엇이 바람직한 규범인지에 대한 사회적 계몽이 있어야 합니다. 그렇지 않으면 감염병에 대한 대책에서도 편견, 낙인 등으로 인한 인권 문제가 가장 큰 문제로 남을 것입니다.

모하메드는 코로나 시기에 일어난 실제적인 피해를 냉정하게 검토하라고 강조합니다. 부채가 증가하고, 일자리가 사라진 나라들이 많습니다. 이는 금융위기 이후 경제 풍토를 바꾸고 일자리를 늘려가던 정책이 흔들린 나라들이 많았던 것과 비슷합니다. 코로나의 피해에 대해 더 정직하게 평가할 필요가 있습니다. 그러지 않으면 대처를 제대로 할 수 없습니다.

코로나 팬데믹에 대한 태도에 있어서도 세 가지 다른 양상을 발견할 수 있다고 모하메드는 말합니다.

첫째, 부정하는 사람들이 있습니다. 코로나의 피해를 직시하지 않으려는 집단입니다.

둘째, 코로나로 인해 발생한 문제와 우리의 대처법에 대해 성찰하고 실제로 변화를 꾀하려는 태도를 가진 집단이 있습니다.

셋째, '능동적인 관성'이라고 부르는데 무언가를 해야 한다고 이야기는 하지만 사실 평소와 다를 바 없는 일을 되풀이하는 집단입니다. 많은 나라의 정부와 관료들이 이 능동적인 관성을 보여줍니다.

나라마다 차이가 크지만 코로나 방역과 대응, 치료에 대한 전략 실패가 과연 과학의 실패인지, 아니면 공공정책, 리더십의 실패인지는 반드시 평가되고, 그에 대한 답을 찾아야 합니다.

차별, 혐오, 편견······ 코로나 시기 출현한 윤리적 문제

코로나 시기 가장 뚜렷이 증가된 세계적 혐오 현상은 아시아인 혐오였습니다.[22] 아시아가 코로나 발생 장소로 지목되면서 미국과 유럽에서 이로 인한 사건과 사고들이 잇따랐습니다. 이에 대처하기 위해 아시아인들의 캠페인 등 여러 방안들이 계속 논의되어 왔습니다.

코로나 시기 영어권에서 가장 자주 등장한 주제는 인종주의의 재부상과 대안적 교육의 필요성, 학교에서 인종주의 격화를 방지하기 위한 활동과 캠페인 등에 관한 내용이었습니다.

사실 코로나 시기에 가장 권리를 침해받고 존중받지 못한 집단 중 하나는 장애인 집단과 그 가족이었습니다.

원격수업에서 시각화된 영상은 시각장애 학생에게는 도움이 되지 못했고, 장애지원 관련 시설들은 문을 닫아 장애인들이 집에만 머물게 되었습니다. 이들은 일종의 '코로나 감금'을 겪었고 가족의 간병 및 보호 부담이 늘었습니다. 이로 인해 일어난 비극적인 사건들도 적지 않았습니다.

또한 많은 과학자들이 코로나 종식을 앞당기려면 백신 보급과 접종 확산이 필연적이라고 생각했습니다. 하지만 짧은 시간 안에 개발한 백신은 아래와 같은 윤리적 문제를 피할 수 없었습니다.

- **백신 개발 과정에서의 윤리적 문제** : 가장 짧은 개발 과정, 신중한 인간 대상 실험 부족, 백신 부작용에 대한 사회적 책임, 생산과 분배에 대한 국제 사회의 합의 등
- **백신 접종에서의 윤리적 문제** : 접종 우선순위 결정에서 생기는 윤리적 문제, 백신 접종 공포, 백신 가격 결정 등
- **백신 접종에 관한 음모론적 접근** : 안티 백서를 포함한 백신 거부 세력, 미국 등 서구에서 유튜브나 메신저로 등장한 백신 접종에 대한 거짓 정보, 대규모 백신 접종에 대한 조작된 음모론과 가짜 뉴스 등
- **백신 접종과 인권 문제** : 백신 접종이 불가능한 자의 권한, 백신 거부자들의 인권, 백신 패스 정책의 시기와 범위 등

백신 관련 공공 정책 안에는 의료 윤리를 포함해서 사회 윤리 이슈가 백화점처럼 많이 담겨 있었습니다. 이런 윤리적 문제도 코로나 종식을 앞두고 정리하는 과정에서 반드시 다루어야 합니다.

다급한 교육 주제들의 등장

코로나가 소환한 교육적 이슈들은 언급한 주제들 외에도 많습니다.

- **기후환경 및 생태 전환 교육의 시급성** : 많은 학교들이나 아동·청소년들은 코로나 팬데믹이 환경과 생태 전환을 경고하는 사건이라고 인식합니다. 이에 교육 과정에 환경과 생태 전환 교육이 전면적으로 등장해야 한다고 의견을 모읍니다.
- **차별과 혐오를 줄이는 인권교육의 시급성** : 코로나 방역 초기에 코로나 확진자를 둘러싼 비인권적 접근에 대한 논의는 국제적으로도 이슈가 되었습니다. 자유를 구속할 수 있는 국가 조치 앞에서 인권의 중요성을 강조하고, 차별, 혐오, 인종주의에 반대하는 교육은 현장에서 아주 중요했습니다.
- **사회정서 학습의 중요성** : 많은 교사들은 당장 국영수 공부만큼이나 학생들의 정서, 가치, 삶의 의미 등을 나누고 자기돌봄과 타인에 대한 이해, 의사소통, 좋은 의사결정을 할 수 있도록 돕는 사회정서 학습의 필요성을 다양한 차원에서 느꼈다고 합니다.
- **디지털 리터러시 교육** : 원격수업을 포함해 코로나 시기에 디지털 접

근을 통해 일어나는 많은 접점에서 논란이 일어났습니다. 디지털에 기반한 의사소통 규범, 원격수업의 규칙과 규범, 연령대를 넘나드는 온갖 디지털 콘텐츠에 대한 지도 등 다양한 디지털 공간에서의 윤리적 이슈들이 중독 현상과 함께 나타났습니다. 교사와 부모에게 가장 우려를 안겨준 이 문제에 어떻게 개입할 것인지가 여전히 중요한 이슈입니다.

새롭게 제기된 인권교육, 사회성 증진 활동, 환경교육, 혐오 및 차별을 반대하는 교육, 디지털 리터러시 교육 등이 코로나 이후 주요 교육 의제가 되어야 합니다. 현재 이 주제들은 우선순위가 되길 기다리고 있습니다.

천천히 서두르자

코로나가 빚은 상처와 결핍 살피기

2년 6개월 동안 코로나 확진자와 사망자, 그리고 백신 부작용 혹은 알 수 없는 원인으로 병을 갖게 되거나 사망한 사람에 이르기까지 여러 시련과 불행, 안타까운 일들이 계속 되었습니다.

우리 역사 속에서 전쟁을 제외하고, 단일한 사건으로 이렇게 많은 사망자를 낸 것은 코로나가 처음입니다. 코로나 팬데믹은 역사상 엄청난 사건이고, 국민들의 무의식, 심리 저변에 상당히 크게 작용할 수밖에 없는 일입니다.

방역과 치료를 잘했나, 못했나를 떠나서 우리가 알고 있는 역사적 사건 중에 2년에 걸쳐서 2만여 명이 사망한 사건으로서 이를 잘 해결하는 정치·행정·사회·의료 집단이 반드시 필요합니다.

지금 코로나 팬데믹의 근원이 되는 문제들에 주의를 기울이고 있나요? 우리의 고단한 하루하루는 현재 벌어지는 지구의 재앙과 동떨어져 있지 않습니다. 배달문화가 잘 발달한 우리나라는 코로나 팬데믹 시기에 가장 많은 플라스틱, 비닐 사용 국가로 등극하고도 남습니다.

우리는 코로나 팬데믹의 근원을 밝히고 지구와 인류의 미래를 위한 책임에서 중요한 역할을 해야 하는 세계 주요 국가가 되었습니다. 하지만 우리 사회는 부동산, 성적, 정치 이슈들로 엉뚱한 토론에 더 열중하고 있습니다.

코로나 팬데믹 시기에 심화된 청년들의 사회적 고립, 해고, 자해 및 자살 증가, 갑작스런 원격수업과 등교일수 감소로 발생한 학생들의 여러 상처와 결핍들에 대해, 또 팬데믹 시기에 무너진 소상공인과 극심한 피로에 시달리는 가정들이 회복할 수 있도록 돕는 정책을 충분히 논의하지도 못하고 있습니다.

누군가는 우리처럼 재난자본주의가 안착한 나라가 없다고 합니다. 대자본 배달회사, 글로벌 OTT 기업, 교육 관련 영상 사업, 재벌들이 참여하고 있는 여러 디지털 회사들은 수입 구조와 통로만 조금 바뀌었지 큰 수입으로 호황을 누리고 있습니다. 반면 수많은 동네 가게들, 즉 로컬 산업은 상당히 많이 무너진 상태입니다. 이렇게 사회 격차는 커지고 계층은 더 양극화되고 있습니다.

무엇보다 코로나 팬데믹처럼 다수 국민들이 어려움을 겪는 상황에서는 서로 이해하고 돕고 나누고자 하는 시대정신을 만들어야 합니다. 그러자면 사회자본을 강화하고 신뢰의 연결과 유대가 높아져야 하는데, 과연 그런 공동체 정신이 만들어지고 있는지, 아니면 갈수록 더 갈라치고 있는지 살펴야 합니다.

코로나 이후의 회복 담론

코로나는 우리에게 무엇을 가져다주었는가에 대한 담론을 중심으로 코로나가 남긴 아이들의 상처에 관한 이야기를 정리해 보겠습니다. '뉴노멀'이라는 용어가 언젠가 사라졌지만, 많은 지식인들이 코로나 이후의 교육, 사회에 대한 담론과 제안 속에서 변화의 방향을 지속적으로 이야기해 왔습니다.

코로나가 알려준 것① : 발생의 근원을 탐구하고 접근해야 한다는 것을 알게 되었습니다

코로나는 곧 지구의 위기입니다. 우리는 모두 생태·환경주의의 거점으로 모여서 함께 가야 합니다. 코로나 발생의 밑바탕에는 인류의 탐욕과 자연파괴, 환경파괴가 있습니다. 이후에는 파괴의 모델이 아닌 공존의 모델을 만들어야 이 팬데믹과 기후환경 위기를 조금이라도 완화할 수 있습니다.

사회의 발전 모델을 탈성장모델, 평화모델, 인간중심주의가 아닌 지구중심주의, 생태환경을 우선시하는 모델로 바꿔야 합니다. 교육, 생활, 사회 속에서 실천할 수 있는 방안을 찾고 만들어가야 합니다.

코로나가 알려준 것② : 불평등을 감소시키는 공공성, 공공적 제도의 중요성을 재인식해야 합니다

만일 우리 사회에 공공의료, 공공시스템, 공공의 가치를 중시하는 제도가 없었다면 코로나에 대한 대처 자체가 불가능할 것입니다. 사회의 여러 분야에서 모두가 함께 대처해야 할 상황에 공공 시스템의 필요성이 커졌습니다. 이를 국가로 대치하는 목소리도 있지만, 저는 공공의 가치와 공공시스템이라 생각합니다.

공공성은 불평등을 최소화하는 데도 크게 기여합니다. 공공성의 부족으로 의료와 교육이 무너지면 재해의 비극이 얼마나 더 커지는지, 이번 코로나 시기에 절실하게 느끼고 보았습니다.

코로나가 알려준 것③ : 인간에게 고립이 얼마나 심대한 상처가 되는지, 만남이 얼마나 소중한지를 깨달았습니다

인간의 생존 원리는 사회를 구성하고 존재하는 것이었음을 확실히 알게 되었습니다. 갓난아기부터 노인까지, 고립이 아닌 만남을 유지하고 확대해야 할 필요성을 실감했습니다. 재난으로 인한 고립 속에서도 사회를 유지하고 재조직하면서 의미 있는 만남을 창의적으로 유지해야 합니다.

코로나가 알려준 것④ : 인간의 의사소통에서 얼굴과 몸이 얼마나 중요한지 알게 되었습니다

『얼굴 없는 인간』을 쓴 조르조 아감벤은 코로나가 정치로 이용되는 것, 국가의 기능이 불필요하게 강화되는 것, 인간이 빅브라더에 의해 통제되는 것에 대해 깊은 우려를 보였습니다.[0] 그간 우리가 발전시켜 온, 피의 헌신으로 이룩해 온 민주주의가 다시 파시즘에 가까워질 위험에 처했다는 인식이었습니다.

'얼굴의 철학자'로 불리는 엠마누엘 레비나스Emmanuel Levinas는 얼굴 없는 만남, 신체의 감수성이 없는 만남은 의미 있는 접촉이 불가능해서 교육이 일어나기 어려운 조건이라고 말했습니다.[1] 얼굴을 보는 순간 엄청난 윤리가 우리에게 작동한다는 주장을 한 레비나스와 그를 지지하는 교육철학자들은 코로나 시기 마스크부터 원격수업이 어떤 영향을 미쳤는지 반드시 분석해야 한다고 주장합니다.

얼굴과 신체가 없는, 즉 타인에 대한 감수성이 현저히 떨어져 있는 경우 의미 있는 접촉이 어려운데, 이 어려움에 학생들이 어떻게 대응하고 처리했는지 윤리적으로 아주 중요한 이슈라고 생각합니다.

코로나가 알려준 것⑤ : 디지털 리터러시의 필요성과 강력한 스크린 중독에 빠질 수 있는 가능성에 대해 알게 되었습니다

코로나 시기 가장 부모들을 힘들게 했던 것은 스마트폰 관리라고 이야기합니다. 스마트폰 안의 볼거리는 무궁무진해서 전원이 켜져 있는 동안에는 심심하기 어려운 마법의 도구입니다. 게임, 음악, 유튜브, 드라마, 영화, 채팅, 영상 촬영 등 스마트폰으로 놀다 보면 시간 가는 줄 모르고 지낼 수 있습니다.

소셜 미디어라고 불리는 공간에서는 성매매부터 시작해서 온갖 불법적 만남, 거래가 가능하고, 도박마저 할 수 있다는 것을 청소년과 젊은 이들은 더 생생하게 알게 되었습니다.

스마트폰이 앞으로 어떻게 더 진화할지는 모르겠으나 국가적 차원에서 휴식, 수면, 관계, 학업, 활동의 문제를 일으키는 도구로도 부족함이 없다는 것을 확연히 알게 되었습니다. 디지털에 기반한 초연결사회라는 환상은 잠시였을 뿐, 이내 '내 아이를 빼앗았다'라는 부모님, 형, 누나, 오빠, 언니들이 많습니다.

유엔 등 국제기구에서부터 지금 디지털 리터러시를 교육하고 의식을
강화하자는 캠페인을 제안하고 있습니다. 현재 인터넷, 스마트폰의 다
양한 사용 영역에 따른 중독 현상에 대응하기 위한 활동이 제안되고
있습니다.

코로나가 알려준 것⑥ : 재난자본주의의 힘은 강하다는 것을 다시 알게 되었습니다

코로나로 인한 사회적 위기를 겪으며, 어디에 가장 주의를 기울여야
하고 어디에 가장 긴급하게 재정을 투여해야 하는지 가장 민감하고 영
리하게 대응하는 곳은 역시 기업입니다. 이로써 재난자본주의의 힘이
강하다는 것을 알게 되었습니다.

불평등 및 빈부격차 개선과 기후환경 개선에 앞서 자신의 상품 구매
를 앞세우는 기업들의 상술과 횡포에 많은 정부나 지방자치 기구들이
혼란에 휩싸였습니다,

교육학자 거트 비에스타가 말했듯이 교육을 회복한 것인지, 애플, 마
이크로소프트, 구글 같은 기업을 위해 돈을 쓴 것인지 우리는 냉정히
검토해야 합니다.

정부와 손을 잡은 대기업은 코로나 시기에 많은 이익을 냈습니다. 이
이익은 사회 전체에 도움을 주는지, 아니면 중소기업과 시민들이 밀려
나고 재난자본주의가 강화된 데에 불과한지도 냉정히 검토해야 합니다.

청소년들은 학교 회복이나 미래교육의 일환으로 메타버스 등의 도입
을 이야기한 것에 대해서 비판적입니다. 기술에 대한 오해라고도 합니
다. 교육에서의 기술 사용에 대한 새로운 논의가 필요하다는 뜻입니다.

최근 거트 비에스타는 논문에서 코로나 상황에서 '디지털 우선digital first'을 외치면서 몇몇 프로그램의 활용을 강조하는 것은 마치 목공 선생님이 특정 회사의 망치가 가장 중요하다고 이야기하는 것과 같다고 크게 비판했습니다.[2]

교사의 가르침을 구글과 페이스북이 마련해 준 가상의 교실 공간에 풀어낼 수 있을지는 몰라도, 가르칠 내용을 구글이나 페이스북 메뉴얼대로 할 수는 없습니다. 코로나 시기에 구글 교사, 마이크로소프트 교사, 페이스북 교사만 늘려놓았다며 기술 사용에 대한 철학적 검토를 주장하는 분들의 목소리도 주의 깊게 들어볼 필요가 있습니다.

코로나가 알려준 것⑦ : 우리는 어떤 현실에 마취되어 있는지 성찰해야 합니다

이 글을 쓰는 시점에 코로나로 인해 지구라는 행성에서 5억 명이 감염되었고, 500만 명 이상이 사망했습니다. 우리는 이 세계사적 사건 앞에서도 각자의 스마트폰에서 눈을 떼지 못하고 마취된 채, 정작 공동체의 일원으로서 각성하고 사유하고 통찰하는 일을 미루는 것은 아닌가 생각해 봐야 합니다.

"지구가 멸망한다고 해도 부동산, 코인, 주식 뉴스에서 손을 놓지 못할 것 같아요."

"내일 지구가 멸망할지라도 오늘 밤부터 아침까지 게임할 거예요."

"내일 지구가 멸망한대도 일단 공부는 해야죠."

현재의 삶에 충실함을 넘어 과도한 욕망에 집착하고, 끝없이 중요한 성찰을 가로막는 미디어와 언론의 뉴스에 현혹된 채 지내도 괜찮을까요?

코로나 시기에 언론과 소셜 미디어의 뉴스와 유튜버들의 채널들은 사실을 투명하게 밝히기보다 흐릿하게 만들고, 때로는 현실을 무참하게 조작하고, 끝없이 선전·선동하면서 악의 무리들을 옹호하는 상황을 만들었습니다.

코로나 시기에 마취된 아이들, 사람들이 학교나 직장에 나가기 힘들어하고 있습니다. 넷플릭스 같은 OTT, 유튜버들의 영상을 보고 있노라면 이제 스마트폰 하나로 우주의 시간을 감당하고도 남을 것 같기도 합니다.

코로나가 알려준 것⑧ : 학교, 공동체, 그리고 소속감은 우리에게 어떤 의미인지를 알게 되었습니다

아이들은 학교에 무척 가고 싶어 했습니다. 그런 의미에서 현재의 학교는 과거의 학교와 다릅니다. 아이들에게 학교를 제거하면 소속감을 느낄 공간이라고는 가정 이외에는 없습니다. 소속감의 실체성을 전해줄 공동체는 현저히 사라졌습니다.

학교는 공부를 하는 곳을 넘어서 아이들에게 소속감을 주는 장소이자 기관이며, 중요한 사회 제도임을 코로나가 확실하게 알려주었습니다. 하지만 학교가 열린 이후 일부 아이들은 주저하고 있습니다. 학교를 잠시만 다녀오거나, 혹은 학교의 여러 기능 중 선호하는 한두 가지 기능만 취하고 있습니다.

물론 대부분의 학생들이 잘 적응해 가고 있습니다. 그러나 학교 등교를 힘들어하고 거부하는 학생들은 학교의 변화나 학교의 기능전환을 요구합니다. 그들의 요구를 일부 정리해 보면 다음과 같습니다.

- 만남이 우선이다, 학력이 아니라!
- 관계가 우선이다, 접속이 아니라!
- 소통이 우선이다, 명령이 아니라!

아이들은 왜 며칠 학교에 다니다가 등교를 그만두려 할까요? 어떤 아이들은 '학교는 소통과 만남을 충분히 허락하는 공간이 아니다'라고 주장합니다.

현재 우리나라 학교는 애매한 상태라 할 수 있습니다. 교사는 제대로 가르치지 못하고, 학생은 배우지 못합니다. 입시제도의 장벽은 더욱 두터워졌습니다. 만일 가르치는 것이 있다면 교사는 간신히 가르치고, 만일 배우는 것이 있다면 학생은 틈새로 배운다고 할 수 있습니다.

교사도 아이들을 만나고 싶어 합니다. 하지만 교과서나 입시 위주의 교육, 온갖 행정 업무 때문에 만나기 어렵습니다. 교사는 정체성이 날로 불분명해져서 이로 인해 갈등이 일어나고 있습니다. 어떤 교사는 교사의 정체성이 '종합공무원'이라고 주장합니다.

수십 년간의 논쟁과 입시제도 변화, 학교 교육제도의 변화는 물거품이 되는 듯한 분위기입니다. 본질은 실현되지 않고 비본질적인 것만 남겨지는 듯한 상황에서 교실은 때때로 모두에게 어긋난 장소처럼 느껴집니다.

교사의 교육, 부모의 인생 조언에는 공통점이 있다고 아이들이 말합니다. 지금의 현실이 올바르지 않지만 적응하고 살기 위해서 만들어낸 편법들을 감수해야 한다는 현실 논리, 적응 논리라는 것입니다. 그리고 많은 산을 넘어 역사의 현장에 다다랐지만, 여전히 넘어야 할 산이 너무 많다고 말한다고 합니다.

고도의 압축 사회를 살면서 우리는 뭐든 속도전으로 빨리 배웠습니다. 빨리 배운 만큼 제대로 배우지 못하고, 빨리 잊어버리는 일도 많습니다. 국가 관료들과 거대 자본이 담합하여 시민사회를 공략할 때 시민사회는 아직 허약했습니다. 또한 코로나 시기처럼 국가의 역할이 비대해질 때 시민은 얼마나 초라한지도 코로나 시기에 실감했습니다.

시민들이 만들어가야 할 공동체에 대한 표상을 새롭게 그리고, 교육도, 인생도, 사회도 함께 더 제대로, 더 바르게 나아갈 수 있는 방법을 모색해야 합니다. 그것이 코로나가 남긴 교훈이라고 생각합니다. 소속감을 느낄 공동체의 소멸을 더 가속화시킬 수도 있고, 코로나로 인하여 공동체의 중요성이 더 커질 수도 있습니다.

소속감을 찾아 헤매고 친구나 결혼식 하객을 구매하는 데까지 다다른 사회에서 다시 인간의 연대와 시민권 회복으로 새로운 소속감을 갖는 사회로 진화할 수 있을까요? 하지만 이러한 방향으로의 진화만이 인류를 살릴 것입니다. 다정함과 달콤한 고통이 동반된 경험이 우리에게 희망을 줄 것입니다.

주

1장

0. 한병철, 전대호 옮김, 『리추얼의 종말』, 김영사, 2021.

1. "응급실서 확인한 '조용한 학살'⋯⋯ 20대 여성 자살 시도 34퍼센트 늘었다", 《한겨레》, 2021.5.3.

2. "Analysis On Air: A Sound History of Winnicott in Wartime", JSTOR, 2022.7.13.

3. Deoni, S., Beauchemin, J., Volpe, A., & D'Sa, V, "Impact of the COVID-19 pandemic on early child cognitive development: initial findings in a longitudinal observational study of child health", MedRxiv.

4. 슬라보예 지젝, 강우성 옮김, 『팬데믹 패닉』, 북하우스, 2020.

5. Biesta, G., "Have we been paying attention? Educational anaesthetics in a time of crises", 《*Educational Philosophy and Theory*》, 54(3), 221-223.

6. Biesta, G., "Digital first or education first?: Why we shouldn't let a virus undermine our educational artistry", 《*Jounal of Curriculum and Supervision*》, 4(1), 43-51.

7. 「배움을 넘어서—미래를 위한 민주시민교육」, 《학교민주시민교육 국제포럼 자료집》, 2019.

2장

0. 슬라보예 지젝, 강우성 옮김, 『잊어버린 시간의 연대기』, 북하우스, 2021.

1. "Covid: The devastating toll of the pandemic on children", BBC, 2021.7.8.

2. "코로나19 유행이 영유아 지능 발달 방해했다", 《동아사이언스》, 2021.8.24.

3. "The COVID generation: how is the pandemic affecting kids' brains?", 《*NATURE*》, 2022.1.12.

4. "Coronavirus births: 'My baby's firtst word was mask'", BBC, 2021.11.10.

5. "High rates of childhood obesity alarming given anticipated impact of

COVID-19 pandemic", who.int, 2021.5.11.

6. Sarah Cuschieri & Stephan Grech, "COVID-19: a one-way ticket to a global childhood obesity crisis?", 《Journal of Diabetes & Metabolic Disorders》, 19, 2027-2030.

7. Jin-Ah Han, Yae-Eun Chung, In-Hyuk Chung, Yong-Hee Hong, Sochung Chung, "Impact of the COVID-19 Pandemic on Seasonal Variations in Childhood and Adolescent Growth", 《Experience of Pediatric Endocrine Clinics Children》, 8(5), 404.

8. 「코로나19 시대 취약가정 아동·청소년 생활 실태조사」, 희망친구 기아대책, 2020.

9. "코로나 시대, 어린이·청소년 거식증 증가와 '친체 이미지' 왜곡", 《케미컬뉴스》, 2021.12.14.

10. "A drastic experiment in progress: How will coronavirus change our kids?", 《THE HECHINGER REPORT》, 2020.4.15.

11. Stolk A, Hunnius S, Bekkering H, Toni I, "Early social experience predicts referential communicative adjustments in five-year-old children", PLoS One.

12. "7 Most Important Social Skills for Kids", verywell family, 2022.6.5.

13. 위와 같음.

14. "잃어버린 1학년, 200만 명…… 코로나 신입생은 친구도 학교도 낯설었다", 《중앙일보》, 2020.11.24.

15. 노리나 허츠, 홍정인 옮김, 『고립의 시대』, 웅진지식하우스, 2021.

16. "Impact of COVID-19 on poor mental health in children and young people 'tip of the iceberg'", unicef, 2021.10.4.

17. "Covid: The devastating toll of the pandemic on childeren", BBC, 2021.1.30.

18. "응급실서 확인한 '조용한 학살'…… 20대 여성 자살 시도 34퍼센트 늘었다", 《한겨레》, 2021.5.3.

19. "한국 자살률 OECD 1위…… 20대 여성·10대 남성 크게 늘어", 《연합뉴스》, 2021.9.28.

20. "코로나19로 인한 우울증 유병률 5배↑", 《메디포뉴스》, 2021.11.22.

21. "코로나19 이후 청소년 정신·행동장애 115퍼센트 증가…… 정신건강 교육 의무화 필요", 《메디게이트뉴스》, 2021.7.30.

22. "한국트라우마스트레스 학회, '코로나19 청소년 정신건강 실태조사' 발표", KSTSS, 2021.6.29.

23. "Suicide Attempts Up Among Adolescents During COVD-19", HCPLive, 2021.7.8.

24. "日 젊은 여성들이 위험하다…… 코로나 불황에 극단 선택 급증", 《중앙일보》, 2020.10.6.

25. "20대 여성의 고통은 사회적이라는 데서 출발해야 한다", 《한겨레》, 2020.12.3.

26. 한병철, 전대호 옮김, 『리추얼의 종말』, 김영사, 2021.

3장

0. 조르조 아감벤, 박문정 옮김, 『얼굴 없는 인간』, 효형출판, 2021.

1. "Collective Trauma From COVID-19", verywell mind, 2020.5.21.

2. "Collective Trauma and the Social Construction of Meaning", 《Frontiers in Psychology》, 2018.8.10.

3. "잃어버린 1학년, 200만 명…… 코로나 신입생은 친구도 학교도 낯설었다", 《중앙일보》, 2020.11.24.

4. "How to Not Let Pandemic Fatigue Turn Into Pandemic Burnout", EVERYDAY HEALTH, 2021.2.18.

5. "'안 하면 불안' 코로나에 청소년, 인터넷사용 10시간 급증…… 10명 중 4명은 스마트폰 중독", 《조선비즈》, 2021.5.25.

6. "코로나19 시대 스마트폰 과사용 2배 증가…… 정부 대책 강화 필요", 《청년의사》, 2021.10.22.

7. "코로나로 스마트폰 중독 늘었다…… 2020 중독 치유 해법 포럼 열려", 《동아일보》, 2020.10.29.

8. Lin, M. P., "Prevalence of internet addiction during the COVID-19 outbreak and its risk factors among junior high school students in Taiwan", 《International journal of environmental research and public health》, 17(22), 8547.

9. "Prevention of Gambling Amongst Adolescents Should be Placed on a National Public Health Agenda, says UNICEF", unicef, 2020.8.4.

10. Mestre-Bach, G., Blycker, G. R., & Potenza, M. N., "Pornography use in the setting of the COVID-19 pandemic", 《Journal of behavioral addictions》, 9(2), 181-183.

11. "코로나 1년, 너무나 한국적인 명과 암", 《한겨레》, 2021.1.5.

12. "빈곤율 OECD 4위, 복지 사각지대 해소 올인하라", 《서울신문》, 2021.10.25.

13. Wasserman IM., "The impact of epidemic, war, prohibition and media on suicide: United States, 1910-1920", 《Suicide Life Threat Behavior》, 22(2), 240-254.

14. "청소년 정신건강에 집중하며 자살예방과 트라우마 회복 위한 근거 마련", 《월간인물》, 2021.7.1.

15. "A clinical case definition of post COVID-19 condition by a Delphi consensus", WHO, 2021.10.6.

16. "This Is Really Scary: Kids Struggle With Long Covid", 《The New York Times》, 2021.8.9.

17. www.longcovidkids.org

18. "NHS sets up specialist young people's services in £100 million long COVID care expansion", NHS England, 2021.6.15.

19. "Children's Hospital Los Angeles Awarded $8.3 Million to Study Long-Term Effects of COVID in Children", www.chla.org, 2022.1.25.

20. Lopez-Leon, S., Wegman-Ostrosky, T., del Valle, N. C. A., Perelman, C., Sepulveda, R., Rebolledo, P. A., & Villapol, S., "Long COVID in Children and Adolescents: A Systematic Review and Meta-analyses", medRxiv.

21. "부모용: COVID-19 관련 소아 다기관염증증후군(MIS-C)", CDC.

4장

0. 노리나 허츠, 홍정인 옮김, 『고립의 시대』, 웅진지식하우스, 2021, 재인용.

1. "Four messages that can increas uptake of the COVID-19 vaccines", THE BEHAVIOURAL INSIGHTS TEAM, 2021.5.15.

5장

0. 슬라보예 지젝, 강우성 옮김, 『잃어버린 시간의 연대기』, 북하우스, 2021.

1. Maria Elizabeth Loades 외, "The Impact of Social Isolation and Loneliness on the Mental Health of Children and Adolescents in the Context of COVID-19", JAACAP, 2020.11.1.

2. Almeida, I. L. D. L., Rego, J. F., Teixeira, A. C. G., & Moreira, M. R., "Social isolation and its impact on child and adolescent development: a systematic review", 《Revista Paulista de Pediatria》, 40.

3. Marchi, J., Johansson, N., Sarkadi, A., & Warner, G., "The Impact of the COVID-19 Pandemic and Societal Infection Control Measures on Children and Adolescents' Mental Health: A Scoping Review", 《Frontiers in psychiatry》, 12.

4. "NextGenerationEU: European Commission disburses €2.25 billion in pre-financing to Germany", European Commission, 2021.8.26.

5. "Next generation Europe: a recovery plan for children, adolescents and their families", 《European Child & Adolescent Psychiatry》, 30: 991-995.

6. "AAP-AACAP-CHA Declaration of a National Emergency in Child and Adolescent Mental Health", AAP

7. "Back to School after COVID-19: Supporting Student and Staff Mental Health", MHTTC

8. 노리나 허츠, 홍정인 옮김, 『고립의 시대』, 웅진지식하우스, 2021.

9. "HappyTogether:5Research-BasedSELTipsforReturningtoIn-PersonInstruction", carnegielearning

10. "Back to School after COVID-19: Supporting Student and Staff Mental Health", MHTTC

11. "Great Resignation", WIKIPEDIA, 2022.7.10.

12. "How teens are experiencing their version of the 'Great Resignation'", KQED, 2022.1.24.

13. "코로나 학력 저하 확인됐다…… 중3·고2 기초학력 미달 최대 5%p↑", 《연합뉴스》, 2021.6.2.

14. "What Can You Do About Pandemic Learning Losses?", 《Greater Good

Magazine》, 2022.3.16.

15. Kronenberg, M. E., Hansel, T. C., Brennan, A. M., Osofsky, H. J., Osofsky, J. D., & Lawrason, B., "Children of Katrina: Lessons learned about postdisaster symptoms and recovery patterns", 《*Child development*》, 81(4).

16. "Why 'Learning Loss' Is So Complicated(and How to Adress It Constructively)", 《*ASCD*》, 2021.10.1.

17. "Build back better: Avoid the learning loss trap", springer, 2021.3.4.

18. "5 Things We've Learned About Virtual School During the Pandemic", KQED, 2020.12.5.

19. 말콤 글래드웰 외, 이승연 옮김, 『코로나 이후의 세상』, 모던아카이브, 2021.

20. 한병철, 이재영 옮김, 『고통 없는 사회』, 김영사, 2021

21. 모하메드 엘 에리언 외, 이승연 옮김, 『코로나 이후의 세상』, 모던아카이브, 2021.

22. "미국내 반아시아 정서 악화…… 코로나19·반중정책 등 영향", 《연합뉴스》, 2022.5.5.

에필로그

0. 조르조 아감벤, 박문정 옮김, 『얼굴 없는 인간』, 효형출판, 2021.

1. "On facing one's students: The relevance of Emmanuel Levinas to teaching in times of Covid-19", 《*Journal of Philosophy of Education*》, 55(4-5), 649-664.

2. Biesta, G., "Digital first or education first?: Why we shouldn't let a virus undermine our educational artistry", PESA Agora.

코로나가 아이들에게 남긴 상처들

초판 1쇄 2022년 8월 22일
초판 2쇄 2023년 4월 30일

지은이 | 김현수
펴낸이 | 송영석

주간 | 이혜진
기획편집 | 박신애 · 최예은 · 박강민 · 조아혜
디자인 | 박윤정 · 유보람
마케팅 | 김유종 · 한승민
관리 | 송우석 · 전지연 · 채경민

펴낸곳 | (株)해냄출판사
등록번호 | 제10-229호
등록일자 | 1988년 5월 11일(설립일자 | 1983년 6월 24일)

04042 서울시 마포구 잔다리로 30 해냄빌딩 5 · 6층
대표전화 | 326-1600 **팩스** | 326-1624
홈페이지 | www.hainaim.com

ISBN 979-11-6714-047-0